La Comtesse de Leicester.

1840.

LA COMTESSE DE LEICESTER,

DRAME EN QUATRE ACTES,

PAR

M. ALPHONSE VERNET,

Représenté pour la première fois, à Paris,
SUR LE THÉÂTRE DU LUXEMBOURG,
Le 7 octobre 1840.

PERSONNAGES.	ACTEURS.	PERSONNAGES.	ACTEURS.
LE COMTE DE LEICESTER	M. LEBRUN.	BLOUNT	M. AUGUSTE.
WARNEY	M. DORGEBRET.	LA COMTESSE DE LEICESTER	Mme MICALEF.
TRESSILIAN	M. MANGIN.	ÉLISABETH, reine d'Angleterre	Mme DUPONT.
LAMBOURNE	M. DUPRAT.	JENNY	Mlle ANNA.
FOSTER	M. ÉTIENNE.	TROUPES, DOMESTIQUES.	
LE MARÉCHAL DE SUSSEX	M. BESOMBES.		

La scène est en Angleterre. Le premier acte se passe au château de Cummor, près le village de ce nom. Le deuxième en vue du palais de Greenwich, séjour ordinaire de la cour. Les troisième et quatrième dans l'intérieur du palais.

ACTE PREMIER.

Le théâtre représente une salle du château.

SCÈNE PREMIÈRE.
FOSTER, LAMBOURNE, TRESSILIAN.

Au lever du rideau, la scène est déserte, l'orage gronde.

FOSTER, *à part*.
Parce qu'il fait de l'orage, il semble qu'on soit obligé d'ouvrir sa porte au premier venu.

LAMBOURNE.
On dirait une prison que ce nid de hiboux... c'est un travail d'enfer pour y pénétrer... je suis mouillé jusqu'aux os!... quel temps affreux!..
Il grelotte.

FOSTER.
Comment, monsieur, appeler prison l'ancien monastère de Cummor, aujourd'hui le riche château d'un homme tout puissant à la cour, et que j'ai l'honneur de représenter!...

LAMBOURNE.
Vous n'avez pas toujours été si fier; mais, portassiez-vous la tête cent fois plus haut, votre air dédaigneux n'effraierait personne.

FOSTER.
Mille tonnerres! je n'aurais jamais dû vous recevoir.

LAMBOURNE.
Eh! pourquoi?

FOSTER.
Parce que nous ne sommes pas dans l'usage d'ouvrir nos portes aux étrangers.

LAMBOURNE.
Quoi! pas même au plus fort de l'orage?

FOSTER.
Le village n'est qu'à deux pas d'ici.

LAMBOURNE.
Ce n'est guère généreux; mais s'il s'agissait d'un petit-neveu, Micaël Lambourne, absent depuis plusieurs années...

FOSTER.
Vous connaissez ce mauvais sujet?

LAMBOURNE.
Si je le connais... je l'aime autant que moi-même.

FOSTER.
Moi, je ne l'aime pas du tout.

LAMBOURNE.
Cependant, vous seriez fâché si je vous disais qu'il est mort à la tête de son régiment.

FOSTER.
Pas de dangers qu'il soit mort de la sorte; il était trop lâche pour ça.

LAMBOURNE.
Vous mentez comme un coquin, mon cher petit bon oncle : regardez-moi bien, c'est moi Micaël Lambourne, et je ne fus jamais un lâche; mon sabre pourrait vous le prouver sur l'heure.

FOSTER.
Comment! toi Micaël, mon garçon! Est-ce bien toi? Mais, en effet, cela doit être... j'aurais dû le deviner; car si ce n'est toi-même, qui diable aurait pris tant d'intérêt à ta personne?

LAMBOURNE.
Mon oncle, tel que vous me voyez, je suis bien Micaël en chair et en os.

FOSTER.
Soit.... Mais, écoute mon garçon..., je suis fâché après une si longue absence de ne pouvoir te recevoir chez moi... Du reste, je pense que, de ton côté, tu ne te soucies guère de demeurer long-temps où tu es si bien connu.

LAMBOURNE.
Trêve de complimens, mon oncle.

FOSTER.
Mais comme tu peux avoir soif... viens, je vais te verser un verre de claret, et tu me montreras tes talons.

LAMBOURNE.
Pour le claret, j'en suis... Quand à mes talons on verra plus tard.

TRESSILIAN, à part.
Voilà une singulière reconnaissance... Quels hommes! à quoi je ne suis pas réduit?

FOSTER.
Quel est ce particulier avec qui tu es arrivé? Est-ce un malin de ton espèce?

LAMBOURNE.
C'est un voyageur, à ce que je crois.

FOSTER.
Mais est-il ton camarade?

LAMBOURNE.
Je l'ai rencontré... nous avons bu ensemble le coup du matin, et il est entré ici probablement à cause de l'orage; voilà tout.

FOSTER.
Si ce n'est que cela, je vais le prier de nous attendre dans cette salle. (*A Tressilian.*) Monsieur, veuillez nous attendre ici et n'en pas bouger... Il y a des personnes dans la maison qui seraient alarmées à la vue d'un étranger.

Ils sortent.

TRESSILIAN, à part.
C'est d'elle qu'il parle... Elle est ici... J'étais sûr que mes renseignemens ne me trompaient pas.

SCÈNE II.
TRESSILIAN, *seul*.

Amy Robsart! imprudente! voilà donc les associés que ta légèreté m'a donnés! quel avilissement à cause de toi! Mais non, j'ai mon excuse: n'ai-je pas dû à tout prix chercher et découvrir ta retraite? Je dois, je veux t'arracher à ton ravisseur... à toi-même; je l'ai promis à ton vieux père!

SCÈNE III.
TRESSILIAN, LA COMTESSE.

LA COMTESSE.
Quoi! mon bien-aimé... vous ici! Mais pourquoi n'avez-vous pas fait entendre votre signal ordinaire? Pourquoi ne volez-vous pas dans mes bras? Moi qui vous ai attendu si long-temps!

TRESSILIAN, à part.
Elle! la malheureuse! Elle me prend pour son ravisseur. (*A la Comtesse*). Amy Robsart! est-ce bien vous?

LA COMTESSE, *avec surprise*.
Ah!

TRESSILIAN.
Amy, n'ayez point peur de moi.

LA COMTESSE.
Pourquoi vous craindrais-je, Tressilian? Mais d'abord pourquoi ce déguisement?

TRESSILIAN.
J'en ai eu besoin pour pénétrer jusqu'à vous.

LA COMTESSE.
Je ne me rends pas compte, au surplus, du motif qui vous a fait introduire dans ma demeure... dans ma demeure, où vous n'êtes ni invité ni désiré.

TRESSILIAN.
Votre demeure, Amy? une prison est-elle votre demeure? une prison gardée par un misérable, mais moins scélérat que celui qui l'emploie.

LA COMTESSE.
Ce château est à moi... à moi tant qu'il me

plaira de l'habiter. Si c'est mon goût de vivre loin du monde, qui donc a le droit d'en être contrarié ?

TRESSILIAN.

Votre père, madame ! votre père au désespoir ! Il m'a envoyé à votre recherche et m'a investi de toute l'autorité qu'il a sur votre personne... Voici une lettre qu'il a écrite malgré ses souffrances.

LA COMTESSE.

Ses souffrances ! Mon père est-il donc malade ?

TRESSILIAN.

Au point que votre retour ne lui rendrait peut-être pas la santé... Madame, tout est préparé pour votre départ... J'espère que vous n'hésiterez pas à me suivre.

LA COMTESSE, *après avoir lu*.

Tressilian, je ne dois pas en ce moment abandonner ces lieux. Retournez vers mon père ; dites-lui que dans quelques heures je partirai pour aller le voir ; assurez-le de mon bonheur.

TRESSILIAN.

Amy, de bonne foi, ne me cachez rien ; vous êtes prisonnière, autrement votre cœur sensible et bon vous eût ramenée près de votre infortuné père. Venez, venez donc, fille trompée et malheureuse, tout sera oublié ; ne craignez pas mes importunités au sujet de notre union projetée par votre père. C'était un beau rêve, mais je me suis éveillé !... Allons, venez ; votre père vit encore, venez et un mot de tendresse, une larme de repentir effaceront de sa mémoire tout ce qui s'est passé.

LA COMTESSE.

Ne vous ai-je pas dit que je partirais dans quelques heures ?... j'ai à remplir d'autres devoirs également impérieux... Allez, portez-lui la nouvelle que j'irai le trouver dès que j'en aurai obtenu la permission.

TRESSILIAN.

La permission ! la permission de venir voir votre père sur son lit de douleurs !... peut-être sur son lit de mort ! Et la permission de qui ? de l'infâme qui, sous le masque de l'amitié, a violé les devoirs sacrés qu'impose l'hospitalité reçue, et qui vous a perfidement enlevée au toit paternel !

LA COMTESSE.

C'en est trop ! Tressilian, celui que vous calomniez porte une épée aussi bonne que la vôtre... meilleure que la tienne, homme présomptueux ! et ton rang obscur ne peut être comparé à la sphère brillante et élevée qu'il ennoblit... Laissez-moi ; allez, rendez la parole à mon père, et lorsqu'il enverra vers moi, qu'il choisisse un messager qui me soit plus agréable.

TRESSILIAN.

Vos sarcasmes ne sauraient m'émouvoir. Répondez à cette seule question, afin que je puisse du moins présenter une lueur de consolation à mon vieil ami. Le rang dont vous glorifiez cet homme, le partagez-vous avec lui ?... A-t-il le titre de votre époux ?

LA COMTESSE.

Arrête ! mets un terme à tes outrages... je ne daigne pas répondre à qui insulte à mon honneur.

TRESSILIAN.

Votre refus de répondre m'en a déjà trop appris ; mais songez que je suis armé de l'autorité paternelle, et je vous arracherai de l'asile de la honte, même en dépit de vous.

LA COMTESSE.

Gardez-vous d'employer la violence... ne me menacez pas.

TRESSILIAN.

Non, vous ne serez pas plus long-temps victime d'une funeste fascination ; vous n'avez pas pu de votre propre volonté choisir cet état d'esclavage et de déshonneur... je briserai le charme ! Au nom de votre père, de votre père au désespoir, je vous ordonne de me suivre.

Il veut l'entraîner.

LA COMTESSE.

Laissez-moi, laissez-moi, ou j'appelle mes gens !

SCÈNE IV.

LES MÊMES, VARNEY.

VARNEY.

Qu'arrive-t-il ? Ô ciel ! Tressilian en ces lieux !

TRESSILIAN.

Varney ! ravisseur infâme ! c'est bien toi !...

VARNEY.

Milady, je vous en prie, rentrez dans votre appartement.

TRESSILIAN.

Adieu, madame ! Ce qui reste d'existence à votre père doit s'éteindre à la nouvelle que je vais annoncer à cet infortuné vieillard.

LA COMTESSE.

Tressilian, ne vous pressez pas de me juger ; craignez de me calomnier.

Elle sort.

SCÈNE V.

TRESSILIAN, VARNEY.

VARNEY.

Tressilian, vous allez me dire quel était votre but en venant ici.

TRESSILIAN.

Je vous demanderai à mon tour qui vous y amène. Venez-vous triompher de l'innocence que vous avez fait tomber dans vos pièges, ou bien viens-tu au-devant de la vengeance d'un homme que tu as outragé ? Allons, scélérat, défends-toi !

Il tire son épée.

VARNEY.

Tu es fou, Tressilian... J'avoue que les apparences sont contre moi ; mais je te jure que ma mistress Amy n'a reçu aucun outrage de moi, et, en vérité, j'ai quelque répugnance à mettre l'épée à la main à ce sujet... Tu sais, au reste, que je me bats.

TRESSILIAN.

Je te l'ai entendu dire, mais j'en veux de meilleures preuves que tes paroles.

VARNEY, *tirant son épée.*

Je ne te les ferai pas long-temps attendre.

Après un moment de combat, Varney se laisse choir ; Tressilian le tient à terre de la main gauche, et de la droite il lui présente la pointe de son épée.

TRESSILIAN.

Donne-moi les moyens de délivrer sur-le-champ la victime de ton odieuse trahison, ou bien regarde la lumière pour la dernière fois.

SCÈNE VI.

LES MÊMES, LAMBOURNE.

LAMBOURNE, *saisissant le bras de Tressilian.*

Allons, allons, camarade, il y en a assez de fait, et même trop... Remettez votre renard dans son terrier, et allons-nous-en.

TRESSILIAN.

Lâche brigand! oses-tu bien m'empêcher d'immoler mon ennemi?

LAMBOURNE.

Lâche brigand !... Je répondrai à cela avec du fer, lorsqu'un verre de vin aura chassé de ma mémoire le coup du matin que nous avons bu ensemble; en attendant, ne demeure pas: va-t-en, nous sommes deux contre un.

TRESSILIAN, *lui jetant une bourse.*

Tiens, misérable, voilà ton salaire du matin... Tu ne diras pas que tu as été mon guide gratis. (*A Varney.*) Adieu, Varney; nous nous retrouverons là où il n'y aura personne pour se jeter entre nous.

SCÈNE VII.

VARNEY, LAMBOURNE.

VARNEY.

Es-tu camarade de Foster, mon brave?

LAMBOURNE.

Comme manche et lame, et par-dessus cela son neveu.

VARNEY.

En ce cas, voici une pièce d'or pour toi... Dès ce moment, je te prends à mon service; vas-en faire part à Foster.

LAMBOURNE.

En voilà assez de dit... Je vous remercie, mon seigneur et maître. Par saint Antoine ! y a-t-il un Eldorado pour des hommes de ma trempe qui vaille la vieille Angleterre?... Il y pleut des pièces d'or.

SCÈNE VIII.

VARNEY, *seul.*

Tressilian ici !... Il a mis en défaut la vigilance de Foster, et son but était sans doute d'enlever la belle fugitive... Cette circonstance pourrait bien me devenir précieuse... Oui, c'est un ressort qui peut m'être d'un grand secours, si je sais le faire jouer à propos.

SCÈNE IX.

VARNEY, LA COMTESSE, JENNY.

LA COMTESSE.

Jenny, vous ne sortirez d'ici que sur mes ordres.

JENNY.

Très-volontiers, madame.

Elle s'assied et brode.

VARNEY, *salue.*

Mon Dieu, madame! que va penser votre noble époux de la visite de Tressilian?

LA COMTESSE.

La visite de Tressilian n'a été désagréable qu'à moi seule ; car il m'a apporté des nouvelles bien fâcheuses sur la santé de mon père.

VARNEY.

Madame, ne croyez pas à l'existence de cette maladie, à moins qu'elle soit arrivée subitement, car le messager que j'ai dépêché d'après les ordres de mylord a trouvé le bon chevalier à la chasse comme à l'ordinaire... Tressilian a ses raisons pour troubler votre bonheur présent.

LA COMTESSE.

Vous faites tort à ce gentilhomme ; Tressilian a le cœur loyal et noble... après mon époux, je ne connais personne à qui le mensonge soit plus odieux.

VARNEY.

Je vous demande pardon, madame ; je n'avais pas l'intention d'être injuste envers sir Tressilian. Je ne savais pas jusqu'à quel point il vous intéressait.

LA COMTESSE.

Je ne fais que lui rendre justice ; mon père l'a toujours aimé ; je l'eusse aimé moi-même s'il m'eût été possible... Vous savez que j'eus des torts envers lui?...

VARNEY.

Madame...

LA COMTESSE.

Ignorant encore mon mariage, que j'ai juré de ne révéler à personne, il avait de si puissans motifs pour m'enlever d'ici, que je m'efforce de croire qu'il a exagéré l'indisposition de mon père et que vos nouvelles sont les plus vraies.

VARNEY.

Elles le sont, madame ; croyez-moi, croyez à ma sincérité.

LA COMTESSE.

Fille d'un simple chevalier, je ne suis guère qu'une villageoise, vous le savez, et c'est pour cela que je préfère la vérité aux complimens de cour.

VARNEY.

Madame, rien n'est plus beau que la vérité. Cependant j'oserai vous demander, dussé-je passer pour un mauvais courtisan, si vous jugerez convenable de dire au noble lord, votre époux, que Tressilian a découvert votre résidence cachée avec tant de soin et qu'il a eu un entretien avec vous ?

LA COMTESSE.
Incontestablement il saura tout.

VARNEY.
Votre seigneurie fera ce qu'elle jugera à propos... Cependant regardez autour de vous, mylady, voyez les barrières dont ce lieu est entouré, le soin mystérieux avec lequel on vous a éloignée de tous les regards ; voyez avec quelle rigueur on a limité vos promenades, restreint vos mouvemens et soumis toutes vos démarches à ce grossier Foster. Réfléchissez à tout cela, madame, et jugez par vous-même quelle en peut être la cause.

LA COMTESSE.
Le bon plaisir de mylord.

VARNEY.
C'est vrai... et ce bon plaisir a sa source dans un amour digne de l'objet qui l'inspire... mais celui qui possède un trésor tel que vous doit-il être si soigneux de le mettre hors de la portée des autres ?... c'est presque de la défiance.

LA COMTESSE.
Où tend un pareil discours, sir Varney ? voudriez-vous me faire croire que mylord est jaloux ? quand il le serait, qu'ai-je à craindre en lui disant toujours la vérité, pour qu'il puisse lire dans mon âme et n'y voir autre chose que son image ?

VARNEY.
Madame, c'est à vous, qui connaissez mylord beaucoup mieux que moi, de juger s'il est homme à laisser une insulte impunie.

LA COMTESSE.
Que dites-vous ? Ah ! si je pouvais penser être cause de la perte de Tressilian, moi qui lui ai déjà occasionné tant de malheurs, je garderais le silence.

VARNEY, à part.
Nous y voilà... je la tiens. (A la Comtesse.) Votre jugement, madame, est bien supérieur au mien, mais...

LA COMTESSE.
A ma place, vous vous tairiez. (On entend le bruit d'un petit cor anglais.) Le bruit du cor ! son signal ! c'est lui ! j'entends le pas de son cheval !

VARNEY, à part.
Elle est décidée au silence ; c'est déjà un grand point d'obtenu. (Haut.) Je vous laisse, madame,
Il sort.

SCÈNE X.

LA COMTESSE, LE COMTE ; JENNY, se lève, salue et se rassied.

LA COMTESSE.
Cher comte, c'était bien vous ! que je suis heureuse ! avec quelle impatience vous étiez attendu !...

LE COMTE.
Chère Amy Robsart !

LA COMTESSE, voulant lui ôter son manteau.
Permettez... Je veux que vous vous débarrassiez de votre manteau : il faut que je voie si vous m'avez tenu parole, et si vous venez sous le costume d'un grand seigneur, comme on vous appelle ou, comme vous l'avez fait jusqu'ici, en simple cavalier.

LE COMTE.
Vous ressemblez, du reste, à l'espèce humaine, Amy... les joyaux, les plumes, les diamans et l'or sont plus aux yeux des faibles mortels que l'homme qu'ils parent... Vous allez être satisfaite.
Il ôte son manteau, que Jenny vient ramasser.

LA COMTESSE.
Ne crois pas qu'Amy puisse aimer davantage l'époux qui porte ces habits magnifiques que l'amant à qui elle donna son cœur, quoique couvert d'un simple manteau.

LE COMTE.
Et vous aussi, Amy, vous avez mis une parure qui convient à votre rang, mais qui ne peut ajouter à votre beauté. (Ils passent devant une glace.) Jetez les yeux sur cette glace, et convenez que je dis vrai.

LA COMTESSE.
Je ne sais comment cela se fait, mais quand je vous vois, il m'est impossible d'arrêter ailleurs mes regards. Asseyez-vous là comme un objet que les hommes doivent révérer et admirer.

LE COMTE.
J'y consens, ma bien-aimée, si tu veux partager ma gloire... Place-toi à ma droite.

LA COMTESSE.
Non, je veux m'asseoir à vos pieds sur ce tabouret, afin que je puisse contempler votre splendeur et connaître pour la première fois le faste des princes.

LE COMTE.
Satisfaites vos yeux, Amy... vous voyez votre vassal dans un costume aussi brillant que peut l'être un accoutrement de voyage.

LA COMTESSE.
Un désir satisfait en fait naître un autre, dit-on.

LE COMTE.
Et que demanderas-tu que je puisse te refuser ?

LA COMTESSE.
Votre femme, mon ami, ne jouira-t-elle pas un jour de l'honneur que devra lui mériter son titre avoué d'épouse du comte le plus illustre de l'Angleterre ? C'est le plus grand désir de mon âme.

LE COMTE.
Un jour, oui, Amy, cela arrivera, et tu ne peux le désirer plus vivement que moi... Mais cela ne se peut pas encore, et nos secrètes entrevues sont tout ce que je puis t'offrir en ce moment.

LA COMTESSE.
Pourquoi, puissant et en faveur comme vous êtes auprès de sa majesté la reine Elisabeth ?

LE COMTE, *avec un peu d'humeur.*

Vous parlez de ce que vous ne connaissez pas, et vous en parlez bien souvent... Si je déclarais mon mariage à la cour, je deviendrais l'artisan de ma propre ruine ; et c'est pour cela que je vous rappelle le secret que vous m'avez juré de garder à cet égard.

LA COMTESSE.

Les ordres de mon époux sont pour moi les ordres de Dieu même.

LE COMTE.

Les temps changeront, Amy... En attendant, apprenez-moi si l'on fait tout au gré de vos désirs... Foster... comment se comporte-t-il auprès de vous ?

LA COMTESSE.

Il me rappelle quelquefois la nécessité de mon isolement.

LE COMTE.

Si tu as à te plaindre de lui, il cessera de suite ses fonctions.

LA COMTESSE.

Oh! je n'ai point à m'en plaindre, et sa fille Jenny est dans ma solitude une compagne douce et agréable.

LE COMTE.

Puisqu'il en est ainsi, elle ne doit pas rester sans récompense.

LA COMTESSE.

Jenny, approchez de mylord.

LE COMTE.

Je vous dois beaucoup, mademoiselle, pour la satisfaction que votre service à donnée à mylady. (*Otant un anneau de son doigt.*) Portez cela pour l'amour de moi.

JENNY.

Je suis très-contente que mes petits soins aient pu être agréables à mylady... Personne ne peut l'approcher sans désirer de lui plaire.

LE COMTE.

C'est très-bien, mon enfant.

JENNY.

Je remercie monsieur le comte et madame la comtesse.

LA COMTESSE, *avec bonté.*

Tu peux te retirer, charmante Jenny.

JENNY.

Il suffit, madame.

Elle sort.

SCÈNE XI.

LE COMTE, LA COMTESSE.

LE COMTE.

Es-tu contente de moi ?

LA COMTESSE.

Cher époux, pouvez-vous me faire une pareille question ?

LE COMTE.

Avez-vous quelque faveur à solliciter ?

LA COMTESSE.

J'aurais une grâce à vous demander.

LE COMTE.

Tout ce que vous me demanderez, je vous l'accorderai... à l'exception de ce qui pourrait causer notre perte à tous deux.

LA COMTESSE.

Souffrez que je fasse part de notre secret à mon père chéri, que je mette un terme à ses chagrins en lui faisant connaître mon sort... On le dit malade ce bon père!

LE COMTE.

On dit! qui dit cela?... Varney ne vous en a-t-il pas donné les meilleures nouvelles? qui a osé vous mettre d'autres idées dans la tête?

LA COMTESSE.

Ah! personne, mylord, personne ; mais pourtant je voudrais m'assurer par moi-même que mon père est en bonne santé.

LE COMTE.

C'est impossible ; tu ne peux avoir en ce moment de communication avec personne de sa maison. Ce Tressilian, qui fréquente la demeure de ton vieux père et sait tout ce qui s'y passe, apprendrait notre mariage, il l'ébruiterait pour se venger... Et si Elisabeth en était instruite avant d'y être préparée, je perdrais ses bonnes grâces pour toujours, je perdrais à la fois la faveur et la fortune.

LA COMTESSE.

Je vous jure que Tressilian est incapable de trahir un secret.

LE COMTE.

Sur mon honneur, je ne me fierais pas à lui ; je préférerais mettre l'enfer dans mon secret.

LA COMTESSE.

Vous devenez colère parce que je parle de lui... Que feriez-vous donc si je vous disais que je l'ai vu ?

LE COMTE.

Si vous l'aviez vu!... je vous engagerais à tenir cette entrevue aussi secrète qu'une confession ; car malheur à lui!... Amy!... vous trouvez-vous mal ?... Remettez-vous...

LA COMTESSE.

Je suis mieux...

LE COMTE.

Avez-vous autre chose à me demander que ce qui compromet ma gloire, ma fortune et ma vie ?

LA COMTESSE.

J'avais quelque chose à vous dire, mais votre colère m'en a ôté la force.

LE COMTE.

Garde-le pour la prochaine fois que nous causerons, mon amie, tu es trop fatiguée... Va prendre du repos ; tu en as besoin.

Il l'embrasse. Elle sort.

SCÈNE XII.

LE COMTE, VARNEY.

VARNEY.

Seigneur, permettez-moi de vous rappeler

qu'il faut que dans une heure vous soyez à cinq milles d'ici.

LE COMTE.

Et si je te disais que je suis à peu près décidé à ne plus retourner à la cour?... Tu le sais, j'ai échappé à bien des périls; oui, je suis presque résolu à ne plus braver ses orages.

VARNEY.

Que dites-vous, mylord !... Quoi ! votre seigneurie veut renoncer à tout ce qui a fait jusqu'ici l'occupation de sa vie?...

LE COMTE.

Tu sembles mécontent que j'aie le projet de renoncer à un jeu dangereux qui peut finir par notre ruine à tous deux?

VARNEY.

Non, mylord !... Assurément je n'ai pas de raison pour regretter la retraite de votre seigneurie; ce n'est pas Varney qui encourra la disgrâce de sa souveraine et le ridicule de la cour. J'aurais voulu seulement, mylord, que vous fussiez bien décidé avant de faire une démarche sur laquelle il n'y a plus à revenir, et que vous eussiez consulté votre gloire et votre bonheur dans le dessein que vous avez formé.

LE COMTE.

Continue, Varney; j'aime à entendre ta voix amie; je pèserai le pour et le contre... Parle.

VARNEY.

Eh bien ! mylord, supposons que le pas soit fait; vous êtes retiré, disons-nous, dans un de vos châteaux les plus éloignés de la cour... C'est bien... Celui qui naguère le premier favori de la reine, portait son sceptre, commandait ses armées, dirigeait ses parlemens, n'est plus qu'un baron de province, allant à la chasse, buvant de la bière avec des gentilshommes campagnards, et passant ses vassaux en revue sur l'ordre du haut shérif.

LE COMTE.

Arrête, Varney !

VARNEY.

Non, mylord, vous devez me permettre d'achever le tableau. Votre rival mylord de Sussex gouverne l'Angleterre. La santé de la reine s'affaiblit, un chemin s'ouvre à l'ambition ! Vous apprenez toutes ces choses lorsque vous êtes assis avec des rustres près de votre foyer; et tout cela afin de voir plus d'une fois en quinze jours la tendresse exprimée dans les yeux de votre belle épouse !

LE COMTE.

Ne parlons plus de ce projet, Varney. Je sacrifie mon goût pour la retraite non à des intérêts personnels, non à des motifs d'ambition, mais au désir de servir mon pays. Fais seller nos chevaux. Tu seras le maître aujourd'hui, Varney !.. ne néglige rien de ce qui peut écarter le soupçon; profitons de l'obscurité de la nuit; il faut que nous montions à cheval sans que personne nous voie, s'il est possible, afin que nul étranger ne se doute de ma visite en ce lieu... Je vais seulement donner quelques ordres, et je suis à toi.

SCÈNE XIII.

VARNEY, seul.

Je suis bien aise que tu sois parti, j'aurais éclaté de rire à ton nez. « *Je sacrifie mon goût pour la retraite non à des intérêts personnels, non à des motifs d'ambition... mais au désir de servir mon pays!* » En voilà du patriotisme, et du patriotisme à la mode encore, ou je ne m'y connais pas. Enfin j'ai pu retenir mon rire, et c'est heureux. Tu pourras, si tu veux, te lasser de ton nouveau joujou, je ne t'en empêcherai pas; mais de ton ambition tu ne t'en déferas pas plus que moi de la mienne. Mylord, pour vous faire gravir la montagne et monter bien haut, je n'épargnerai rien; car il faut que vous traîniez avec vous votre écuyer Varney. Il faut que vous me rendiez puissant par le reflet de votre élévation, et je vous garderai de tomber... Varney serait entraîné dans la chute! Quant à cette merveille de la création qui voudrait être appelée *comtesse*, si elle ne parle pas de son entrevue avec Tressilian, comme je pense qu'elle n'osera le faire, il lui en coûtera cher... C'est d'elle que vient le danger; c'est contre elle que je dirigerai mes coups les plus meurtriers... Mylord, je vais aux écuries préparer aujourd'hui votre train..... le temps n'est peut-être pas éloigné où j'aurai à mon tour un écuyer qui préparera celui de votre serviteur... sir *Varney*...

ACTE DEUXIEME.

Le théâtre représente une vue du palais de Greenwich et de ses environs, baignés par la Tamise.

SCÈNE PREMIÈRE.

LE COMTE, VARNEY.

LE COMTE.

C'est ici même que je dois me rendre avec mes gens pour assister à une prétendue partie de chasse. Tel est l'ordre formel de sa majesté.

VARNEY.

Fort bien ! et pareil ordre a été donné à mylord de Sussex ; le choix de ce lieu me paraît naturel : le palais de Greenwich n'est-il pas le séjour ordinaire de la cour?

LE COMTE.

Il y a quelque mystère là-dessous, et ta perspicacité est en défaut.

VARNEY.

Je persiste à penser que cette visite est tout-à-fait sans importance.

LE COMTE.

Au reste, j'abandonnerais de bon cœur la part que j'ai dans la faveur inconstante de la reine; mais je ne veux pas être supplanté par un rival tel que ce rustre de Sussex.

VARNEY, à part.

C'est un motif comme un autre de conserver sa position. (*Au Comte.*) Supplanté par Sussex... vous, le comte de Leicester! mais Sussex a cessé d'être votre rival en puissance... la reine vous a donné le droit, non seulement de devenir son favori, mais encore l'espoir de devenir...

LE COMTE.

Quoi, Varney?

VARNEY.

Roi!

LE COMTE.

Y penses-tu, mon cher ami, mon dévoué Varney? tu as donc oublié que je suis marié?... pauvre Amy!... elle désire si ardemment être reconnue en face de tous!

VARNEY.

Je n'ai rien oublié, mylord!... elle est votre épouse légitime; mais une dame si douce, si bonne, doit consentir sans peine à rester dans l'obscurité, plutôt que de porter atteinte aux honneurs et aux dignités de son noble époux: penser autrement ne serait qu'orgueil et folie.

LE COMTE.

Ce que tu dis là n'est pas sans raison; mais si ce mariage venait à se découvrir!

VARNEY.

Impossible... d'ailleurs, n'est-il pas aisé d'ensevelir à jamais ce fatal secret?

LE COMTE.

Qu'oses-tu dire? quelle est ta pensée?

VARNEY, à part.

J'ai laissé ma réponse au château avant de quitter la comtesse.

LE COMTE.

Quelle est ta pensée, te demandé-je? réponds.

VARNEY.

Ma pensée est qu'on trouverait nécessairement quelques moyens efficaces, en y réfléchissant un peu.

LE COMTE, à part.

Un instant j'ai cru lire dans son cœur et y découvrir un crime atroce.

VARNEY.

Mylord, j'oubliais de vous dire que Tressilian fait partie de la suite de Sussex. On prétend même qu'il est fort avant dans les bonnes grâces de ce seigneur.

LE COMTE.

Je le sais; je voudrais épargner ce gentilhomme pour plusieurs raisons, mais il se jette lui-même au devant de son destin.

VARNEY.

Il ne mérite aucun ménagement.

LE COMTE.

J'aperçois la suite ou plutôt les grossiers compagnons de Sussex. Ils approchent de ce côté. Mes gens sont-ils en ordre? As-tu veillé à ce que leur tenue éclipsât le cortège de tous ces seigneurs?

VARNEY.

Oui, mylord.

LE COMTE.

Pour toi, tu te tiendras toujours à mes côtés, je puis avoir besoin de tes services... Viens, suis-moi.

Ils sortent.

~~~~~~~~~~~~~~~~~~~~~~~~~~~~~~~~~~~~

SCÈNE II.

LA COMTESSE, JENNY.

LA COMTESSE, *se laissant tomber sur un banc.*

Grand Dieu! je te remercie! La voilà enfin cette magnifique habitation de la reine! Je vais donc voir mon bien-aimé, lui tout dire... car il est là, lui!... Il commande, et il commande en maître absolu! Oh! s'il me savait ici... fatiguée, sans secours... comme il se hâterait de venir me presser dans ses bras!

JENNY.

Vous vous trouvez mal, madame!

LA COMTESSE.

Tranquillise-toi, ma bonne Jenny; ce n'est rien, un instant de repos suffira. (*A elle-même.*) Si le comte allait blâmer ma conduite... n'ai-je pas outrepassé ses ordres? non, il appréciera mes raisons, il m'approuvera... Que faire en ce moment?.. il serait imprudent d'aller le trouver moi-même? écrivons-lui. (*Elle écrit sur une feuille de papier qu'elle détache de son calepin.*) « Au comte Leicester. Cher ami, j'ai failli devenir la victime d'un crime abominable. Varney, avant de quitter le château, avait surpris la bonne foi d'une de mes femmes, qui sans s'en douter devait me servir un breuvage dans lequel ce malheureux avait jeté du poison! ne croyant plus ma vie en sûreté au château, j'ai dû m'en échapper. Je suis en ce moment aux environs de Greenwich; hâte-toi de venir me donner tes ordres. Reçois les embrassemens de celle qui t'a donné sa réputation, cœur et sa main, et qui pour ton bonheur sacrifierait si volontiers sa vie... Jenny te remettra ce pli. » (*Appelant.*) Jenny!

JENNY.

Madame?

LA COMTESSE.

Ma bonne Jenny... toi que Dieu semble avoir envoyée à mon aide dans mon plus grand besoin, cours au palais et remets cette lettre au comte de Leicester, à lui-même, entends-tu bien?

JENNY.

Oui, madame.

LA COMTESSE.

Ne perds pas une minute; j'attends ton retour, j'irai même à ta rencontre.

JENNY.

Il suffit, madame; j'y cours avec le plus vif empressement.

Elle sort.

SCÈNE III.

LA COMTESSE, TRESSILIAN.

LA COMTESSE.

Tressilian !

TRESSILIAN.

Vous en ces lieux ! Serait-ce enfin pour réclamer mon assistance ? Elle vous est accordée à l'instant même.

LA COMTESSE.

Je ne vous demande point de secours, Tressilian, et celui que m'offre votre amitié me ferait plus de mal que de bien; croyez-m'en, je suis près de quelqu'un que la loi et la tendresse obligent de me protéger.

TRESSILIAN.

Le misérable vous a donc rendu le peu d'honneur qu'il pouvait encore vous rendre... et je vois devant moi la femme de Varney !

LA COMTESSE.

La femme de Varney ! de quel nom vil osez-vous flétrir la... la...

TRESSILIAN.

Achevez.

LA COMTESSE.

J'allais trahir le secret de mon époux.

TRESSILIAN.

Parlez, Amy.

LA COMTESSE.

Jamais je ne romprai le silence que j'ai promis de garder... dussé-je encourir les soupçons les plus injurieux. (*Elle pleure.*)

TRESSILIAN.

Hélas ! Amy ! vos larmes démentent votre bouche. Vous parlez d'un protecteur disposé à vous servir, là où je ne vois qu'un misérable qui vous abandonne.

LA COMTESSE.

Un misérable !

TRESSILIAN.

Oui. S'il en était autrement, seriez-vous en ces lieux, seule, sans appui ? Je vois tout : vous avez besoin de secours ? Eh ! bien, vous allez en trouver... Appuyée sur mon bras, sur le bras du représentant de votre père, vous implorerez la justice d'Elisabeth, et ce ne sera point en vain... Fort de la bonté de ma cause, le pouvoir même du comte de Leicester, son favori, ne me fera point hésiter.

LA COMTESSE.

Au nom du ciel Tressilian, ne faites aucune démarche pour moi; vous êtes généreux, vous m'accorderez la seule grâce que j'ai à vous demander.

TRESSILIAN.

Quelle est cette grâce ? parlez...

LA COMTESSE.

J'attends les ordres de quelqu'un qui a le droit de m'en donner; votre entremise, Tressilian, serait pour moi le dernier des malheurs.

TRESSILIAN.

Votre langage me fait croire que vous êtes incapable de penser ou d'agir par vous-même.

LA COMTESSE.

Oh ! non, vous vous trompez; je ne suis pas folle, je ne suis que malheureuse. Voici la grâce que je vous demande... Attendez jusqu'à ce soir. Ne vous occupez pas de moi pendant ce court intervalle. Et il se peut qu'alors la pauvre Amy vous donne les preuves de ce qu'elle mérite.

TRESSILIAN.

Amy, j'ai toujours remarqué que lorsque d'autres vous appelaient enfant, il y avait, sous cette apparence de puérilité des sentimens vifs et une raison profonde. D'après cette observation, je consens à remettre votre sort en vos propres mains jusqu'à ce soir, sans intervenir directement, ni par des paroles, ni par des actions.

LA COMTESSE.

Est-il bien possible ! Vous m'en donnez votre parole d'honneur ?

TRESSILIAN.

Oui, vous avez ma parole de gentilhomme... mais ce délai expiré...

LA COMTESSE.

Vous serez libre d'agir comme bon vous semblera.

TRESSILIAN.

N'y a-t-il rien que je puisse encore faire pour vous ?

LA COMTESSE.

Rien, si ce n'est de taire ma présence en ces lieux à qui que ce soit, et de me permettre de vous quitter.

TRESSILIAN.

Tout ceci me paraît bien singulier ! quel espoir, quel intérêt...

LA COMTESSE.

Ne m'interrogez pas, généreux Tressilian... Le temps viendra peut-être où Amy pourra vous prouver qu'elle était digne de votre noble attachement.

Elle sort et laisse tomber un de ses gants.

SCÈNE IV.

TRESSILIAN, LAMBOURNE.

LAMBOURNE, *ivre, ramasse le gant.*

J'espère que vous ne me gardez pas rancune au sujet de ce qui s'est passé naguère entre nous, maître Tressilian... Pour moi, je n'en ai aucune, car cette échauffourée m'a valu une bonne place.

TRESSILIAN.

Point de familiarité entre nous, s'il vous plaît tenez vous à distance.

LAMBOURNE.

Voyez donc comme il est fier... Ne dirait-on pas, parce qu'il est gentilhomme, qu'il est bâti d'argent et moi d'étain... Il voudrait aussi se faire passer pour un saint; mais... j'ai surpris votre secret...

vous étiez là, avec la poulette du château, ha! ha! ha! je vous ai touché au vif, maître Tressilian.

TRESSILIAN.

Je ne sais ce que vous voulez dire.

LAMBOURNE.

Il ne sait ce que je veux dire, ha! ha! ha! cette petite main (*montrant le gant*) me l'apprend.

TRESSILIAN.

Cependant si vous voulez pour boire (*lui donnant une pièce d'or*), prenez cela et laissez-moi en repos.

LAMBOURNE.

Je vous dirai maintenant que vous en auriez plus fait avec une parole amicale qu'avec cette babiole sonnante. J'y tiens si peu aux babioles sonnantes ! après tout, celui qui paie en or paie bien, et Micaël Lambourne n'est pas un trouble-fête... Vivre et laisser vivre, voilà ma devise.

TRESSILIAN.

Vous devriez me laisser en paix et vous éloigner.

LAMBOURNE.

Eh bien ! soit ! (*A part.*) Je tiens le pied sur le cou de maître Tressilian par cette heureuse découverte, et j'essaierai de voir sa belle... J'ai, du reste, ce joli gant à lui remettre.

Il sort.

SCÈNE V.

TRESSILIAN, MYLORD DE SUSSEX, puis BLOUNT.

SUSSEX.

La pétition par laquelle vous accusez Varney de séduction est en ce moment entre les mains de la reine. Dans une visite que j'ai faite à sa majesté, je la lui ai remise et chaudement recommandée.

BLOUNT, *entrant*.

Mylord, vos gens sont arrivés. Ils seront à leur poste à l'heure indiquée par votre seigneurie.

SUSSEX.

A merveille; je suis content de toi. (*A Tressilian.*) Ainsi, mon cher, ayez bon espoir.

Blount sort.

TRESSILIAN.

Mylord de Sussex, je viens de prendre l'engagement de ne pas me mêler directement de cette affaire jusqu'à ce soir; cependant je crois pouvoir dire sans violer ma parole, qu'on devait d'abord en appeler à la justice du comte de Leicester, attendu que l'outrage avait été commis par Varney son écuyer, et c'est ce que je vous avais dit.

SUSSEX.

On pouvait alors agir sans avoir recours à moi. Ce n'est pas *moi* du moins qu'il fallait consulter quand il s'agissait de s'humilier devant Leicester.

TRESSILIAN.

Mylord...

SUSSEX.

Je m'étonne que vous, homme d'honneur et mon

ami, vous choisissiez un moyen si bas. Si vous me l'avez dit, je n'ai pas dû vous comprendre.

TRESSILIAN.

La marche que vous avez adoptée est celle que j'aurais choisie ; mais les amis de la malheureuse dame...

SUSSEX.

Les amis... les amis. Il faut qu'ils nous laissent conduire cette affaire de la manière qui nous paraît la meilleure, et la reine, j'en suis certain, la considérera comme très-grave ; mais à tout événement la plainte est maintenant sous ses yeux.

TRESSILIAN.

Voici la reine!

SCÈNE VI.

SUSSEX, TRESSILIAN, LA REINE, *arrivant en bateau, suivie de* SEIGNEURS, GUERRIERS, DAMES D'HONNEUR, LEICESTER, VARNEY. *Suite de Sussex et de Leicester, occupant la droite et la gauche de la scène.*

LA REINE.

Mylord de Leicester, et vous, mylord de Sussex, votre souveraine veut qu'en ce jour de fête vous vous donniez la main et oubliiez tous vos ressentimens. Je veux que vous soyez amis, ou, par la couronne que je porte, vous trouverez en moi une ennemie plus puissante que vous deux ; c'est dans ce but que je vous ai réunis aujourd'hui. Sussex, je vous en prie (*avec infiniment de bonté*), Leicester, je vous le commande... Celui qui refusera ne sera pas prêt de revoir notre image.

LE COMTE.

Perdre la présence de votre grâce... ce serait perdre à la fois la lumière et la vie... Sussex, voici ma main.

SUSSEX.

Voici la mienne... J'engage ma foi et mon honneur.

LA REINE.

Bien ! voilà comme les choses doivent être... Mylord de Leicester, vous avez dans votre maison un gentilhomme appelé Varney.

LE COMTE.

Oui, madame... Je le présentai dernièrement à votre grâce et il eut l'honneur de baiser votre main royale.

LA REINE.

Il n'est pas mal, à ce qu'il m'a paru ; mais cependant pas assez bien pour que je l'aie cru capable de faire tourner la tête à une jeune fille...Ce drôle cependant a séduit la fille du bon vieux chevalier sir Robsart, et elle a fui avec lui de la maison paternelle comme une misérable. Mylord, vous trouvez-vous mal?... Quelle pâleur subite!...

LE COMTE.

Non, madame.

LA REINE.

Vous vous trouvez mal certainement. Qu'on appelle notre médecin de service... Est-il possible que la crainte de nous avoir déplu ait produit sur toi une impression si profonde? Ne pense pas, noble lord, que nous puissions t'accabler de notre déplaisir pour la mauvaise conduite de ton serviteur; toi dont les pensées, nous le savons, sont bien autrement élevées. (*Après une pause.*) Y aurait-il dans cette affaire plus que nous n'y voyons, ou que vous, mylord, ne voudriez nous laisser voir? Où est ce Varney? Qui de vous l'a vu?

VARNEY, *un genou en terre.*

Madame, il est à vos pieds.

LA REINE.

Est-il vrai que tu aies séduit et deshonoré une jeune personne bien élevée et de bonne famille, la fille de sir Robsart?

VARNEY.

Madame... il est vrai... D'abord des liaisons amoureuses...

LA REINE.

Des liaisons amoureuses! Et pourquoi ne pas demander la main de cette demoiselle à son père, s'il y avait de bons sentimens dans ton amour pour sa fille?

VARNEY.

Je demande pardon à votre grâce; mais je n'osai le faire, parce que son père l'avait promise à un gentilhomme plein d'honneur, sir Tressilian, que je vois en votre présence.

LA REINE.

Soit. Il est en effet question de ce nom dans la pétition. Et quel droit aviez-vous de faire rompre à cette jeune fille l'alliance arrêtée par son digne père?

VARNEY.

Madame...

LA REINE.

Au moins as-tu épousé cette jeune fille?

LE COMTE, *à part.*

Que va-t-il dire?

VARNEY.

Oui, madame.

LE COMTE, *à part.*

Impudent faussaire!

LA REINE.

Mylord de Leicester savait-il quelque chose de cette belle action? Dis la vérité, je te le commande, et je te garantis de tout danger.

VARNEY.

Gracieuse reine, pour vous dire la vérité pure, mylord a été cause de tout ceci.

LE COMTE, *à part.*

Misérable! me trahirais-tu?

LA REINE.

Continue, continue, suis mes ordres.

VARNEY.

Vos ordres sont tout-puissans, madame, et pour vous il ne saurait y avoir de secrets. Cependant je ne voudrais parler des affaires de mylord à d'autres oreilles que les vôtres.

LA REINE.

Éloignez-vous, mylords, mesdames.

Leicester et suites au fond.

LA REINE.

Que peut avoir à démêler mylord dans cette intrigue? Prends garde de le calomnier.

VARNEY.

J'en suis incapable... Cependant, je suis forcé d'avouer qu'un sentiment secret s'est emparé de lui depuis quelque temps, et l'a détourné du soin de sa maison, ce qui nous a donné l'occasion de faire des folies dont la honte retombe en partie sur lui... Sans cela, je n'aurais pas eu le loisir de connaitre la faute qui m'a attiré son courroux et le ressentiment de votre grâce.

LA REINE.

Est-ce ainsi seulement qu'il a été complice de ta faute?

VARNEY.

Oui, madame... de cette manière seulement. Il faut bien que je le dise : depuis qu'il a reçu un fait ai présent, on peut à peine le reconnaître.

LA REINE.

Un présent... et d'où venait-il?...

VARNEY.

D'où, madame, je ne puis le deviner; mais je sais que depuis ce temps il a toujours porté à son cou une tresse de cheveux à laquelle est suspendu un bijou d'or en forme de cœur qui repose sur le sien; il ne le quitte ni le jour ni la nuit.

LE COMTE, *à part.*

L'adroit fripon!

LA REINE, *à part.*

Oh! je le crois bien; il vient de moi. (*A Varney.*) Tu es bien indiscret d'épier ainsi toutes ses folies. Va, va, tu es un drôle d'une singulière espèce... (*Au Comte.*) Vous avez dans ce Varney un serviteur bien bavard; il est heureux pour vous de ne lui avoir rien confié qui pût vous nuire dans notre opinion; il ne vous eût pas gardé le secret.

LE COMTE, *fléchissant le genou.*

Garder le secret vis-à-vis de votre majesté! Ce serait un crime de haute trahison.

LA REINE, *lui donnant sa main à baiser.*

Levez-vous, mylord, et soyez ce que vous avez toujours été, l'ornement de notre cour et le soutien du trône.

LE COMTE.

Madame, me permettrez-vous de vous demander vos ordres à l'égard de Varney, quoiqu'il ne mérite que ma disgrâce... Oserai-je néanmoins intercéder?...

LA REINE.

Un instant encore... nous avons un acte de justice royale à faire connaître à la partie plaignante... Où est Tressilian l'accusateur? qu'il paraisse devant nous.

SCÈNE VII.

LES MÊMES, TRESSILIAN, *profond salut.*

LA REINE, *à Varney.*

Votre femme est-elle ici, Varney?

TRESSILIAN, *à part.*

Sa femme! Enfin, elle est épousée; mais a-t-il dit la vérité?

VARNEY.

Madame, elle y serait; mais une maladie grave la retient dans son lit. Une lettre que je viens de recevoir du docteur chargé de lui administrer ses soins me confirme malheureusement cette nouvelle.

TRESSILIAN.

Varney, tu mens, tu mens de la manière la plus insigne!

VARNEY.

Si ce démenti m'avait été donné partout ailleurs, mon épée...

TRESSILIAN.

Ton épée, drôle!... Tu sais bien que je ne la crains pas.

LA REINE.

Insolent! oser donner un démenti en ma présence! Cette faute impardonnable ne peut être échappée qu'à un cerveau malade!

TRESSILIAN.

Madame, je vous prie de vouloir bien excuser un moment de trop vive exaltation.

LA REINE.

Tressilian, la plainte que vous avez portée a perdu toute sa gravité. La fille du vieux Robsart est aujourd'hui la femme de Varney.

TRESSILIAN.

Madame, je ne regarde pas la parole de Varney comme un gage de vérité.

LA REINE.

Vous croirez peut-être la personne que je vais interroger. (*Au Comte.*) Mylord, garantissez-vous sur votre honneur que votre écuyer dit la vérité en affirmant qu'il a épousé Amy Robsart?

LE COMTE.

D'après ma croyance... et même de science certaine, je sais... Oui, elle est mariée...

TRESSILIAN.

Gracieuse reine, puis-je demander où, quand et avec quelles circonstances ce mariage?

LA REINE.

C'est inutile... Avant peu nous ferons quelque chose qui pourra réconcilier le beau-père de Varney avec le mariage de sa fille. Je promets de l'avancement à Varney, afin qu'il puisse donner à sa femme un rang honorable. Pour vous, vous avez fait votre devoir avec un peu trop de légèreté; mais, touchée des maux que cause un véritable amour, nous vous pardonnons votre excès de zèle, comme votre emportement de tout à l'heure... Nous vous promettons même de ne pas vous oublier.

TRESSILIAN.

Madame, je vous en conjure, accordez-moi une seule grâce. Suspendez votre décision jusqu'à ce soir... Alors je pourrai... (*A part.*) Si je dis encore un mot, je viole ma promesse.

LA REINE.

Et ce soir, pourrez-vous me donner des preuves qui justifieront votre accusation?

TRESSILIAN, *à part.*

Quel embarras!... Vit-on jamais position plus critique et plus détestable! (*A la reine.*) Il se pourrait que je ne le pusse pas positivement... c'est-à-dire, en certain cas, expliquer les motifs qui me faisaient agir. (*A part.*) Je ne sais plus où j'en suis.

LA REINE.

Par l'âme du roi Henri! voilà une folie complète. Emmenez cet homme, délivrez-nous de sa présence. Sa passion extravagante et la nouvelle de la maladie de la dame de ses pensées lui ont totalement dérangé l'esprit.

TRESSILIAN, *à part.*

Et ne pouvoir parler! Fatale promesse, qui me lie la langue, tu me feras mourir de regret!

LA REINE.

Que tout le monde se retire... Leicester, j'ai à vous parler.

LE COMTE.

Madame...

SCÈNE VIII.

LA REINE, LE COMTE, DAMES D'HONNEUR, *au fond.*

LA REINE.

Je suis désespérée d'avoir pu croire un moment à votre complicité dans cette basse intrigue.

LE COMTE, *à part.*

Achevons de dissiper ses soupçons, s'il lui en reste encore. (*A la reine.*) J'eusse alors été coupable envers Elisabeth. Moi!... moi, dont le dévouement le plus absolu l'a...

LA REINE.

Achevez, Leicester...

LE COMTE.

L'amour le plus pur....

LA REINE.

Je n'avais pas prévu que vous iriez si loin, mon ami.

LE COMTE.

Ah! si vous lisiez dans mon cœur!... Ce n'est point la reine qui y règne, c'est Elisabeth... c'est vous... oui, Elisabeth; sa beauté, ses grâces, son génie!...

LA REINE.

Ces protestations... je les comprends, Leicester... je les apprécie... mais ne sont-elles pas superflues? D'autres liens qui font le bonheur des femmes d'un rang inférieur sont interdits à la souveraine de mon peuple... n'insistez plus... Si j'étais, comme les autres personnes de mon sexe, libre de chercher mon bonheur, alors... ou plutôt mon choix serait fait... Leicester... ton dévouement, ton mérite, ton amour, ont plaidé pour toi... mon cœur a parlé!...

LE COMTE.

Qu'ai-je entendu! Je suis aimé d'Elisabeth, l'orgueil de l'Angleterre et l'admiration du monde!

Exista-t-il jamais un mortel plus heureux que moi !

LA REINE.

Mais cela ne doit pas être... cela ne peut être... Elisabeth est toute au peuple anglais et à lui seul... Sans cet impérieux devoir, elle eût trouvé en Leicester un époux, et l'Angleterre un roi !

LE COMTE.

C'est trop de bonheur !... mon cœur ne saurait le contenir... Ah ! par grâce, Elisabeth ! un mot, un seul mot qui me permette un jour...

LA REINE.

Leicester ! la reine se réserve de consulter son conseil privé.

LE COMTE.

O Leicester ! rien ne peut égaler ton amour et ta gloire.

LA REINE, *lui donnant sa main à baiser.*

Va, laisse-moi ; j'ai besoin de me recueillir dans un moment de solitude.

SCÈNE IX.

LA REINE, puis LA COMTESSE.

LA REINE.

Pourquoi cette union me serait-elle interdite... puisqu'elle ferait ma félicité sans ternir ma gloire ?

LA COMTESSE, *en entrant, se jette aux pieds de la reine.*

Votre protection, madame !

LA REINE.

Que signifie ceci ? levez-vous, mademoiselle. Que voulez-vous de moi ? toute fille d'Angleterre a droit à notre protection tant qu'elle en est digne. Quel motif vous amène devant nous ?

LA COMTESSE, *à part.*

Que dire sans compromettre le comte ?

LA REINE.

Parlez ; nous ne sommes point accoutumée à répéter nos questions sans recevoir de réponse.

LA COMTESSE.

Je supplie... je réclame votre protection... contre certain Varney.

LA REINE.

Quoi ! Varney ! le serviteur fidèle de lord Leicester ! qu'êtes-vous à lui, ou lui à vous ?

LA COMTESSE.

Je... j'étais sa prisonnière... il attenta à ma vie ; je m'évadai pour...

LA REINE.

Pour vous placer sous notre protection... vous l'aurez... Vous êtes Amy, fille de sir Robsart ?

LA COMTESSE.

Oui, oui, madame.

LA REINE.

Je vois que je dois vous arracher votre histoire pièce à pièce. Vous avez trompé votre vieux et respectable père, vos yeux le confessent... vous avez trahi Tressilian, votre rougeur le dit ; et vous avez épousé Varney.

LA COMTESSE, *se relevant.*

Non, madame, non... je ne suis point la misérable femme pour laquelle vous me prenez ! Je ne suis point l'épouse de ce monstre ! Je ne suis point la femme de Varney, j'aurais plutôt épousé la mort !

LA REINE.

Quelle véhémence ! Dieu merci, ma fille, je vois que vous pouvez parler quand le sujet vous plaît... Eh bien ! dites-moi donc, car je veux tout savoir... de qui êtes-vous la femme ou la maîtresse ? Parlez, et promptement. Il vaudrait mieux vous jouer d'une lionne que d'Elisabeth.

LA COMTESSE, *effrayée.*

Le comte de Leicester sait tout.

LA REINE, *à elle-même.*

Le comte de Leicester encore lui ! Le comte de Leicester ! On ne m'a pas tout appris : malheur à l'auteur de la trahison ! (*A la Comtesse.*) Femme ! vous calomniez le comte ! mais vous serez entendue, et cela en sa présence et à l'instant même.

LA COMTESSE, *à part.*

Grand Dieu qu'ai-je fait ? où m'a jeté mon désespoir ?

LA REINE.

Où est mylord de Leicester ?... Avancez, mylord !

SCÈNE X.

LES MÊMES, LE COMTE.

LA REINE.

Connaissez-vous cette femme ? (*Il tombe à ses genoux.*) Si je pouvais penser que vous eussiez commis envers moi, votre souveraine, trop expansive, la basse et ingrate trahison que votre confusion semble avouer en ce moment, par tout ce qui est sacré, noble lord, votre tête serait en aussi grand péril que ne le fut jamais celle de votre père, qui fut décapité.

LE COMTE, *se relevant.*

Ma tête ne peut tomber que par la sentence de mes pairs... C'est à eux que j'en appellerai, et non à une princesse qui récompense ainsi mes fidèles services.

LA REINE.

On nous défie ! Vous nous défiez, homme orgueilleux, jusque sur nos domaines... ce ne sera pas impunément... Mylord de Sussex...

SCÈNE XI.

LES MÊMES, MYLORD DE SUSSEX.

LA REINE.

Comme maréchal d'Angleterre... arrêtez le comte, coupable de haute trahison.

SUSSEX, *stupéfait*.

De qui parle votre grâce?

LA REINE.

De qui, si ce n'est de ce traître Leicester?... Placez-le immédiatement sous bonne et sûre garde. Allons, hâtez-vous!

SUSSEX.

J'obéis; mais il est probable que votre grâce m'enverra demain à la Tour pour m'être trop hâté... Je vous supplie d'avoir de la patience.

LA REINE.

Patience! patience! Vous ne savez pas de quoi il est coupable.

LA COMTESSE, *à part*.

Dans ce moment terrible, je dois tout oublier pour ne songer qu'aux périls de mon époux, et le sauver, dût-il m'en coûter la vie. (*Se jetant aux genoux de la reine.*) Il est innocent, madame, il est innocent; personne ne peut rien alléguer à la charge du noble comte de Leicester.

LA REINE.

Quoi donc! à l'instant même ne m'avez-vous pas dit qu'il connaissait toute cette histoire?

LA COMTESSE.

L'ai-je dit? Ah! si je l'ai dit, je l'ai bassement calomnié; que Dieu me punisse si je crois qu'il ait pris part, même de pensée, à rien qui pût me nuire.

LA REINE.

Femme! je veux savoir qui vous a poussée à cela, ou ma colère vous consumera comme l'herbe sèche jetée dans la fournaise.

LE COMTE, *à part*.

Et je consentirais à me faire une égide de la générosité de ma femme! et pour prix de sa tendresse je l'abandonnerais au ressentiment de la reine! m'en préserve le ciel! jamais! Avouons mon mariage et proclamons-nous le protecteur de la comtesse.

SCÈNE XII.

LES MÊMES, VARNEY, *accourant, se prosterne aux pieds de la reine.*

LA REINE.

Que signifie cette insolente apparition?

VARNEY.

Pardon, madame, pardon! ou qu'au moins votre juste colère tombe sur moi qui l'ai méritée; mais épargnez mon généreux, mon innocent seigneur et maître.

LA COMTESSE, *voyant Varney, se lève épouvantée.*

Madame, je vous en supplie, faites-moi emprisonner dans le cachot le plus noir, traitez-moi ainsi que les plus grands criminels! mais épargnez à mes yeux une vue propre à m'ôter le peu de raison qui me reste... la vue de l'infâme Varney!

LA REINE.

Et pourquoi cela? de quoi ce chevalier s'est-il rendu coupable?

LA COMTESSE.

Ah! madame, le mal qu'il m'a causé est au dessus de toute expression; je deviendrai folle si je le regarde plus long-temps.

Elle s'évanouit.

LA REINE.

Lord de Sussex. qu'on prenne soin de cette infortunée, qu'elle soit mise en lieu sûr jusqu'à nouvel ordre, qu'on lui prodigue des secours... nous vous déchargeons de votre prisonnier. (*Au comte.*) Leicester, reprenez votre épée.

SUSSEX, *à part*.

Je savais bien que cela finirait ainsi.

La Comtesse est emportée mourante.

SCÈNE XIII.

LA REINE, LE COMTE, VARNEY.

LA REINE.

Parlez, Varney; expliquez-nous ces énigmes... Vous avez votre raison et l'usage de la parole au moins (*regardant le Comte*), ce que nous cherchons en vain ailleurs.

VARNEY.

L'œil pénétrant de votre majesté a déjà découvert la cruelle maladie de mon épouse bien-aimée..... maladie dont j'ai défendu au docteur de parler à qui que ce soit et sous aucun prétexte, afin que le secret demeurât enseveli dans la famille... Je suis au désespoir, madame, du scandale qui vient d'éclater.

LA REINE.

Elle est donc folle? en vérité, toute sa conduite le prouve... Sur ce point, du moins, il y a sympathie avec Tressilian... mais comment a-t-elle pu venir jusqu'à nous... pourquoi ne l'avez-vous point fait surveiller?

VARNEY.

Très-gracieuse souveraine, le digne docteur sous la garde duquel je l'ai laissée, vient d'arriver à l'instant pour me donner avis de sa fuite, qu'elle a combinée avec l'adresse particulière aux personnes affligées de cette cruelle maladie.

LA REINE.

Sir Varney, nous ne pouvons guère porter envie à votre félicité domestique; votre femme parle de vous d'une manière bien injurieuse.

VARNEY.

C'est dans la nature de la maladie, madame; les personnes qui en sont atteintes ont coutume de montrer le plus de haine contre ceux que dans leurs momens lucides elles aiment le plus tendrement.

LA REINE.

Nous avons entendu dire cela, et nous croyons ce que vous dites à cet égard.

VARNEY.

Votre grâce daignera-t-elle ordonner que ma malheureuse femme soit remise à la garde de son docteur?

LA REINE.

Vous êtes un peu trop pressé! nous voulons auparavant être fixée sur la santé de la dame, et nous ordonnerons ensuite ce qui nous paraîtra juste. (*Au Comte.*) Mylord, vous êtes fâché contre nous ; nous nous en apercevons bien à la froideur de votre visage; cependant c'est nous qui aurions droit de l'être contre vous... mais nous adoptons le rôle du lion, et nous sommes la première à pardonner.

LE COMTE.

Madame, je ne saurais avoir le bonheur de pardonner, puisque celle qui m'ordonne le pardon ne peut commettre d'offense envers moi.

LA REINE.

Allons, mylord, nous acceptons votre bras, et rappelons-nous que nous sommes en retard pour la chasse qui aurait dû commencer il y a une heure. En chasse, messieurs, en chasse... Puisse ce noble plaisir nous distraire un peu de la fâcheuse rencontre de cette infortunée !

Le bruit du cor se fait entendre.

ACTE TROISIÈME.

Le théâtre représente une riche salle au palais de Greenwich.

SCÈNE PREMIÈRE.

VARNEY, *seul.*

Comment donc a-t-elle pu échapper à un piége qui me paraissait inévitable... Il faut croire qu'elle n'a pas bu le breuvage... la subtilité du poison ne lui eût pas accordé cinq minutes de vie... Aurait-il été neutralisé? par qui ? le diable se mêlerait-il de la partie? Je me perds dans mes conjectures ! toujours est-il qu'au lieu d'être morte et enterrée au château, elle est ici pour m'accabler de ses malédictions et de son témoignage.

SCÈNE II.

VARNEY, LE COMTE, DEUX DOMESTIQUES, *au fond.*

LE COMTE.

Je te répète que je n'ai pas le temps de la recevoir; depuis ce matin cette sotte me poursuit !

UN DOMESTIQUE.

Monseigneur, si vous saviez comme cette jeune fille se désole !

LE COMTE.

Mais que me veut-elle? que dit-elle?

LE DOMESTIQUE.

Elle ne parle presque pas... elle se refuse à donner toute explication, se bornant à dire qu'elle a à parler à monseigneur le comte de Leicester.

LE COMTE.

Son nom?

LE DOMESTIQUE.

Elle ne veut pas le dire.

LE COMTE.

Qu'on la renvoie... je la verrai plus tard, si j'ai le temps.

LE DOMESTIQUE.

Mylord, elle va redoubler ses lamentations.

LE COMTE.

Assez... laissez-moi. (*Le domestique sort.*) Eh bien, Varney, que penses-tu de la Comtesse ?

VARNEY.

J'en suis tout consterné.

LE COMTE.

Vit-on jamais pareille ingratitude! J'ai donné le plus grand nom de l'Angleterre à la fille d'un pauvre gentilhomme... je l'ai élevée jusqu'à moi en l'épousant ; je ne lui demande qu'un peu de patience avant qu'elle ne paraisse environnée de l'éclat de sa grandeur, et cette femme insensée aime mieux courir les hasards de se perdre avec moi, m'exposer à mille dangers, et me forcer d'avoir recours à une foule d'expédiens dont je rougis, que de se résigner un peu plus long-temps dans l'obscurité où elle est née !... Voilà ce qui m'irrite !

VARNEY.

Nous pouvons encore remédier à tout... pourvu que mylady veuille adopter le rôle que la circonstance lui impose.

LE COMTE.

Il n'est que trop vrai qu'il n'y a pas d'autre remède... J'ai souffert sans contradiction qu'on l'appelât ta femme en ma présence... mais elle doit porter ce titre jusqu'à ce qu'elle soit loin de ces murs.

VARNEY.

Je crains même que pendant la vie de la reine elle ne puisse sans danger prendre le titre de lady Leicester. Mais votre seigneurie peut en juger mieux que moi. Vous seul savez ce qui s'est passé entre Elisabeth et vous dans cet entretien qui a mis tous les courtisans en émoi.

LE COMTE.

Oui, Varney, vous m'êtes dévoué et je vous dirai tout. J'ai dans un moment de vertige, d'oubli, de perfidie, fait mille protestations d'amour à la reine, qui non-seulement les a écoutées avec faveur, mais m'a avoué à son tour, les passions humaines triomphant de son orgueil, qu'elle m'aimait, me donnant à espérer qu'un jour Élisabeth verrait en moi son époux et l'Angleterre son roi !

VARNEY.

Son roi!!! ne vous l'avais-je pas prédit, noble seigneur !

LE COMTE.

Il m'en souvient... Je rends hommage à ton génie.

VARNEY.

Mylord, agissons, et cela sans perdre un instant.

LE COMTE.

Tu n'as pas prévu la résistance de la comtesse : je connais son caractère indomptable, sa noble fierté... Elle ne se prêtera pas à notre projet. Tiens, Varney, mille pressentimens me disent que je suis à la veille de quelque grand revers.

VARNEY.

Prenez une meilleure idée de l'avenir. Tentons l'expérience, il le faut; cachons toujours votre mariage à Elisabeth, et tout ira bien... Je vais aller sur-le-champ trouver mylady... elle me hait parce qu'elle croit avec raison que c'est moi qui vous ai pressé de résister à ce qu'elle appelle ses droits. Mais je suis au dessus de ses préventions, et je lui donnerai de si bonnes raisons pour l'engager à céder à la force des circonstances, qu'elle consentira à toutes les mesures qu'elles peuvent exiger.

LE COMTE.

Non, Varney... j'ai pensé à ce qu'il faut faire, je parlerai moi-même à Amy.

VARNEY, à part.

Qu'ai-je entendu! Une pareille visite pourrait me perdre. (Au Comte.) Votre seigneurie parler elle même à mylady... si la reine...

LE COMTE.

J'y suis résolu.

VARNEY.

Mais...

LE COMTE.

Point de mais ; ce sera ainsi et pas autrement. Que l'on dise à Amy de se rendre ici.

VARNEY, à part.

Ma barque est au milieu des écueils... Le cas est décisif, l'un de nous deux est perdu, elle ou moi ! (A un domestique.) Amenez lady Robsart, ma femme, dans cette salle.

~~~~~~~~~~~~~~~~~~~~~~~~

SCÈNE III.

LES MÊMES, LA COMTESSE.

LA COMTESSE, voyant Varney.

Malheureux ! médites-tu encore quelque nouveau crime ?

LE COMTE.

C'est avec moi, madame, que vous avez à vous entretenir.

LA COMTESSE.

Leicester ! Leicester ! je te revois enfin ! (Ils s'embrassent.) Qu'as-tu, mon ami ? je te trouve l'air triste et abattu ; serais-tu souffrant ?

LE COMTE.

Non, pas de corps, Amy.

LA COMTESSE.

Je vais donc bien me porter aussi.. O Leicester ! j'ai été malade, bien malade, depuis que je ne t'ai vu... car je n'appelle pas l'horrible vision de ce matin une entrevue !.. J'ai été en proie à la maladie, à la tristesse et aux périls... mais tu es là, et je sens renaître ma santé, ma joie et ma sécurité.

LE COMTE.

Amy ! tu m'as perdu !

LA COMTESSE.

Moi ! mylord... Comment ai-je pu nuire à celui que j'aime plus que moi-même ?

LE COMTE.

Par votre imprudence. N'êtes-vous pas ici contre mes ordres précis, et votre présence n'a-t-elle pas fait naître des dangers pour vous-même et pour moi ?

LA COMTESSE.

Puisqu'il en est ainsi, pourquoi resterais-je ici plus long-temps ? Vous avez appris par une lettre ce qui m'a forcée de quitter le château.

LE COMTE.

Je n'ai pas reçu de lettre... mais cette circonstance en ce moment de péril... est insignifiante. Madame, reconnaissez Varney pour mon serviteur dévoué... fidèle ; je lui ai confié tous mes secrets... j'aimerais mieux perdre ma main droite... que d'être privé de ses services... en conséquence, j'ai décidé que, pendant quelques mois, vous iriez habiter un de mes châteaux dans le nord, sous le nom de l'épouse de Varney.

LA COMTESSE.

C'est à votre femme que vous donnez le honteux conseil de se dire l'épouse d'un autre... Vous pouvez consommer votre déshonneur, je n'y puis rien... Quant à moi, je ne consentirai jamais à me déshonorer au point de passer pour la femme d'un être aussi vil que votre serviteur Varney !

LE COMTE.

Vous n'avez pas de motifs, madame, pour le mépriser comme vous le faites.

LA COMTESSE.

J'en pourrais donner un... je l'ai mis tout au long dans ma lettre... il le sait bien, le misérable, et voyez-le trembler, malgré son assurance étudiée.

LE COMTE.

Amy, expliquez-vous sur ce point, ou je ne crois rien.

LA COMTESSE.

Celui qui vous est aussi nécessaire que votre main droite sera exempt de toute accusation de ma part ; je désirerais même ravoir ma lettre, afin de la jeter au feu... cependant sachez bien, mylord, que je n'irai avec lui que de force, et que je ne le nommerai jamais mon époux.

VARNEY.

Mylord, mylady est trop prévenue contre moi; elle est très-bien disposée en faveur de Tressilian, et elle pourrait, sans aucun doute, le faire consentir à l'accompagner chez son père... Certainement la comtesse sera garante de l'honneur de Tressilian.

LE COMTE.

Paix, Varney!.. malheur à toi, si tu prononces encore le nom de cet homme que j'abhorre.

LA COMTESSE.

Et pourquoi ne serais-je pas garante de l'honneur de Tressilian? je vous ai préféré à lui, il est vrai... mais je ne lui ferai pas l'injustice de me taire lorsqu'il s'agira de sa loyauté. Je puis m'empêcher d'arracher le masque de l'hypocrisie et du crime, mais je ne souffrirai pas en silence que la vertu soit calomniée devant moi. (*S'approchant du Comte.*) Vous m'avez fait connaître vos intentions, mylord; malheureusement je ne puis y souscrire.

LE COMTE.

Malheureusement, comme vous dites, madame.

LA COMTESSE.

Plaira-t-il à votre seigneurie d'entendre ce qu'une femme jeune et timide, mais qui est votre épouse affectionnée, propose de faire dans cette malheureuse conjoncture?

LE COMTE.

Je vous écoute.

LA COMTESSE.

Tous ces maux, mylord, n'ont qu'une cause. Débarrassez-vous du piége honteux où l'on vous a fait tomber... regardez la vérité comme la base de l'honneur... prenez votre épouse par la main, conduisez-la au pied du trône d'Élisabeth. Dites que dans un moment d'aveuglement causé par une beauté dont personne maintenant ne pourrait apercevoir les traces, vous avez donné votre main à Amy Robsart; vous aurez alors satisfait mon honneur et le vôtre, et si quelque considération puissante exige que vous sépariez de moi, je ne m'y opposerai pas, puisque je pourrai sans honte aller cacher mon cœur brisé par la douleur au fond de cet asile obscur d'où votre amour m'a tirée.

LE COMTE.

Je ne suis pas digne de toi, Amy... Quel bien l'ambition a-t-elle à me donner en échange d'un cœur tel que le tien! Mais, la reine! eh bien! elle prendra ma tête, ainsi qu'elle m'en a menacé.

LA COMTESSE.

Votre tête, mylord! parce que vous avez usé du droit de choisir une épouse? Désabusez-vous; cette défiance de la reine est imméritée, c'est un tort que vous lui faites.

LE COMTE.

Oh! tu ne sais guères.. Qu'elle ne s'abuse pas... sa vengeance arbitraire ne trouvera pas en moi une victime assurée et docile... Amy, tu verras ton époux se montrer digne de son nom. Rentre dans l'appartement que la reine t'a provisoirement destiné... je serai avant peu de retour.

Ils s'embrassent.

LA COMTESSE.

A bientôt, mylord...

SCÈNE IV.

LE COMTE, VARNEY.

VARNEY, *à part.*

C'est fait de moi si ma dernière ressource ne réussit pas! employons-la. (*Au Comte.*) Nous voici donc arrivés à la crise que j'ai toujours redoutée... Il faut que je sois témoin muet, impassible, de la chute du meilleur des maîtres... alors je ne suis qu'un ingrat... ou bien il faut que je révèle ce que j'aurais voulu ensevelir dans le plus profond oubli.

LE COMTE.

Que voulez-vous dire? nous n'avons pas de temps à perdre en paroles inutiles.

VARNEY.

Mon discours ne sera pas long... Votre mariage est la seule cause de votre rupture prochaine avec la reine, n'est-ce pas, mylord?

LE COMTE.

Tu le sais; pourquoi cette question inutile encore?...

VARNEY.

Elle est très-utile, au contraire... Vous allez exposer vos biens, risquer votre tête pour la défense d'un beau diamant... mais si ce diamant avait un défaut qui lui fît perdre de sa valeur?

LE COMTE.

Qu'est-ce que cela signifie? de qui osez-vous parler?

VARNEY.

De la comtesse.

LE COMTE.

Tu veux donc mourir de ma main! Mais parle; je t'écouterai!

VARNEY.

Oui, je parlerai... dussiez-vous m'arracher la vie pour me payer de mon zèle... je n'essaierai pas comme cette dame, de vous tromper sur le compte de Tressilian... Vous le connaissez, vous savez d'abord qu'il avait inspiré à mylady un penchant dont vous eûtes quelque peine à triompher; vous avez vu avec quelle énergie il a soutenu contre moi la cause de cette dame.

LE COMTE.

Te souviens-tu qu'il s'agit ici de la comtesse de Leicester?

VARNEY.

Il m'en souvient... Mais il s'agit aussi de l'intérêt du comte de Leicester! Mylord, je crois fermement que Tressilian a été d'intelligence avec la comtesse, depuis qu'il a commencé à faire des démarches pour elle.

LE COMTE.

Tu parles comme un insensé.

VARNEY.

Malheureusement, je ne puis que trop bien vous prouver le contraire... Peu avant que la pétition fût présentée à la reine, signée de Tressilian, je le rencontrai, à mon grand étonnement, dans le salon de la comtesse, au château, causant en tête-à-tête avec elle, et dans le plus grand mystère.

LE COMTE.

Tu l'as rencontré, le misérable !... Et pourquoi ne l'as-tu pas étendu mort sur la place ?

VARNEY.

Nous avons mis l'épée à la main, et si mon pied n'eût glissé, peut-être n'aurait-il plus été à même de nuire à votre seigneurie.

LE COMTE.

Quelle autre preuve avez-vous de ceci que votre assertion, Varney ? car, de même que je punirai sévèrement, j'examinerai avec calme et prudence. Quelle autre preuve ?

VARNEY.

J'en ai de reste: Lambourne d'abord, qui survint pendant le combat et que j'ai pris à mon service pour acheter son silence... et ensuite Foster, dont Tressilian avait surpris la bonne foi, en s'introduisant dans le château, au moyen d'un déguisement.

LE COMTE.

Et pourquoi m'avez-vous dérobé la connaissance d'un fait aussi important?

VARNEY.

Une larme de mylady eût tout effacé.

LE COMTE.

Au reste, il me semble que l'épouse du comte de Leicester a pu parler à Tressilian, sans que le déshonneur s'attache à moi, ni le soupçon à elle.

VARNEY.

Je n'eusse pas pensé autrement peut-être, si ce fait se fût trouvé isolé.

LE COMTE.

Qu'y a-t-il encore ? parle... je te l'ordonne, parle, pendant que je conserve encore assez de calme pour t'entendre.

VARNEY.

Puisqu'il faut tout dire... ce matin même, ils ont eu une longue entrevue ensemble aux environs du palais.

LE COMTE.

C'est faux ! Elle peut être légère, capricieuse, emportée, ce sont là des défauts de femme ; mais perfide envers moi ! jamais ! jamais ! La preuve de cela ?

VARNEY.

Lambourne les a vus... A son arrivée ils se sont séparés... Lambourne a même plaisanté Tressilian à ce sujet... Celui-ci, pour le faire taire, lui a donné une pièce d'or... et comme la comtesse en se retirant avec précipitation a laissé tomber un de ses gants, Lambourne l'a ramassé et me l'a remis... votre seigneurie le reconnaîtra-t-elle ?

LE COMTE.

Oui, je le reconnais... c'est moi-même qui le lui ai donné... elle avait le pareil à la main lorsqu'elle m'a jeté les bras autour du cou tout-à-l'heure !

VARNEY.

Mylord peut interroger Foster, Lambourne, Tressilian, la Comtesse elle-même.

LE COMTE.

Non, non, je ne doute plus de sa déloyauté... Son crime est écrit en caractères de feu, comme s'il était empreint sur mes yeux mêmes ! Si jeune, si belle, si séduisante et si perfide ! ! ! et c'était pour une pareille femme que j'allais outrager la généreuse maîtresse à qui je dois tout, et qui, sans cet infernal mariage, eût fait de moi... Voilà donc, généreux ami, le sujet de sa haine contre toi ! elle déteste mon fidèle et bien-aimé serviteur parce qu'il a traversé ses complots et parce qu'il a mis en danger la vie de son amant !

VARNEY.

Mylord, je ne lui ai jamais donné d'autres motifs de me haïr.

LE COMTE.

Ce n'est que trop clair ! Cependant avec quelle apparence de magnanimité elle m'exhortait à mettre ma tête à la merci de la reine, plutôt que d'employer un moment de plus le mensonge ! Il me semble que la vérité elle-même ne peut avoir une voix plus persuasive. Varney ! réfléchis, cherche, pense pour moi. Ne peut-elle pas être innocente ? Prouve-moi qu'elle l'est, et tout ce que j'ai fait pour toi ne sera rien en comparaison de la récompense que tu obtiendras. N'est-ce pas tout-à-l'heure sa voix était celle d'un ange ?

VARNEY.

La démarche à laquelle elle vous poussait était bien périlleuse ; cependant si elle était coupable, pourquoi se serait-elle exposée à venir ici ?

LE COMTE.

Oui, mon digne ami, pourquoi venir s'exposer ici tandis qu'elle pouvait se réfugier chez son père ou partout ailleurs ? Elle est donc innocente !

VARNEY.

A moins qu'elle ne fût guidée par le désir qu'elle a si souvent manifesté, celui d'être reconnue comtesse de Leicester, ce qui lui assurait les biens et le titre de son noble époux en cas de mort ?

LE COMTE.

Quel trait de lumière ! c'est vrai, Varney, c'est vrai ! Je vois tout ! Mon mariage devenu public... si la reine dans sa colère eût fait tomber ma tête, fortune, titres, honneurs étaient assurés à ma veuve... et la misérable eût tout partagé avec son complice. Varney, n'intercède pas pour elle... je dois la punir !

VARNEY.

Mylord, vos souffrances se peignent dans votre langage.

LE COMTE.

N'intercède pas pour elle, te dis-je... elle m'a déshonoré. Tous les liens sont rompus entre nous. (*Il lui parle à l'oreille.*) (*Haut.*) Quant à Tressilian, je veux tirer vengeance de lui de ma propre main.

VARNEY.

Vous, mylord? vous, descendre jusqu'à Tressilian! Chargez-moi de cette mission, et vous ne le verrez plus.

LE COMTE.

Non, par le ciel! Plutôt que de renoncer à me venger moi-même sur l'infâme qui a eu le pouvoir de faire de ma vie une scène de regrets et de malheurs, je préférerais tout déclarer à Élisabeth, pour que sa vengeance tombât sur eux et sur moi.

VARNEY, *à part.*

Écartons de lui ce funeste projet qui ruinerait tous mes plans. (*Au Comte.*) Mylord, je lis dans vos traits altérés qu'il vous est impossible en ce moment de former une résolution pour vous-même.

LE COMTE.

Que veux-tu faire de moi? Dois-je être ton pupille, ton vassal, la propriété et l'esclave de mon serviteur?

VARNEY.

Non, mylord; mais soyez maître de vous; domptez votre fureur. Quant à votre vengeance sur Tressilian, exercez-la vous-même puisque cela vous plaît; mais...

LE COMTE.

Je ne t'écoute plus... Je cours me jeter aux pieds d'Élisabeth et lui tout avouer.

VARNEY.

Allez vous jeter à ses pieds, avouez votre mariage, accusez votre femme et son amant d'adultère, et apprenez à tous vos pairs que le favori, que dis-je? que le futur époux de la reine est marié à une fille de campagne; que celle-ci l'a trompé pour un vulgaire amant... Allez, mylord; mais avant recevez les adieux de Varney... Pendant toute sa vie il a été le valet du noble, du magnanime Leicester... Il était plus fier de dépendre de lui qu'il ne l'eût été de commander un empire... Mais le lord pusillanime qui se laisse abattre au bruit de la tempête, celui-là, Varney ne le veut pas servir... il le surpasse autant en grandeur d'âme qu'il lui est inférieur en rang et en fortune.

LE COMTE.

Quels accens! quelle supériorité de langage! quelle énergie! et je perdrais un pareil ami! Mon dernier ami, peut-être! (*Lui tendant la main.*) Varney, ne me quitte pas; que voudrais-tu que je fisse?

VARNEY.

Redevenez vous-même... Maîtrisez ces écueils qui brisent les esprits ordinaires. Êtes-vous le premier qui ait été trompé en amour? Que mylady soit pour vous comme si elle n'avait jamais existé. Bannissez-la de votre mémoire; que la vigoureuse résolution que vous avez prise tout-à-l'heure et que j'ai assez de force et de dévouement pour exécuter, soit comme un ordre de l'Être suprême.

LE COMTE.

Soit... mais qu'une larme du moins me soit permise.

VARNEY.

Pas une, mylord! Il ne s'agit pas de pleurer, il vaut mieux s'occuper de Tressilian.

LE COMTE.

Tu as raison... c'est un nom qui appelle du sang et non des larmes... Tressilian sera ma victime... As-tu encore quelque chose à me dire?

VARNEY.

Je dois vous demander la bague portant votre sceau, pour faire connaître à vos serviteurs quels sont les pouvoirs que vous m'avez donnés.

LE COMTE, *lui remettant la bague.*

Surtout éloigne cette scène de mes yeux.

VARNEY.

Seigneur, elle va être conduit au château.

LE COMTE.

Ce que tu feras, fais-le promptement!!!

SCÈNE V.

LE COMTE, *seul.*

Est-ce bien une réalité!... Varney est trop pressant; mais il m'aime; il a senti que j'avais éprouvé l'offense la plus cruelle. Cependant si je restreignais ma vengeance... L'envoyer au loin, un exil perpétuel me dégagerait de mes liens; des royaumes nous sépareraient, les mers rouleraient entre nous. Et si le sort venait à nous venger... si une tempête venait à l'engloutir... les flots et leurs abîmes seraient les seuls dépositaires de cet horrible secret. (*Apercevant Tressilian.*) Tressilian! lui-même! oh! je sens renaître toute ma fureur. J'ai prononcé l'arrêt de mort d'une femme vaine et licencieuse, je l'ai prononcé, je le devais; aussi, malgré la vue de ce misérable, je me sens mieux... oui, je suis calme... toutes les facultés de mon âme sont agréablement excitées.

Il tombe sur un siège.

SCÈNE VI.

LE COMTE, TRESSILIAN.

TRESSILIAN.

Je vous trouve enfin, mylord... j'en remercie le ciel. Je vous cherchais avec la plus vive anxiété. Ce matin, dans un entretien avec mylady Robsart, entretien que le hasard m'a procuré... j'ai eu l'imprudence d'enchaîner ma langue. Je lui ai fait la promesse solennelle de me taire pendant un certain laps de temps; ce temps est écoulé enfin; je parle maintenant, et je rends à votre seigneurie la justice de m'adresser d'abord à elle.

LE COMTE, *à part.*

Aurai-je assez d'empire sur moi-même pour

ne pas enfoncer mon poignard dans le cœur de cet infâme? Contenons-nous pourtant, il le faut. (*A Tressilian.*) Et que réclamez-vous de moi?

TRESSILIAN.

Justice!

LE COMTE.

Justice? tout le monde y a droit. Vous surtout vous l'obtiendrez; ce ne sera pas long... Parle, mais sois bref; je ne réponds pas de ma patience.

TRESSILIAN.

Ce que j'ai à vous dire intéresse l'honneur de votre maison. Je viens vous parler de la malheureuse qu'on entraîne d'une manière si cruelle... Vous me voyez au désespoir de n'avoir pas plus tôt pris ce parti et de ne pas vous avoir fait juge entre moi et le scélérat par qui elle est outragée.

LE COMTE.

Savez-vous bien de qui vous parlez?

TRESSILIAN.

Je parle de son indigne époux, mylord, et je ne puis trouver un langage moins amer. L'infortunée Amy ne doit pas être plus long-temps la victime de perfides desseins. L'affreuse tyrannie qui pèse sur elle doit cesser. Je parle ainsi d'après l'autorisation de son vieux père. Ce funeste mariage doit être reconnu en présence de la reine, et la dame mise en possession de sa liberté. Mylord, il y va de votre honneur que l'on fasse droit à de si justes demandes.

LE COMTE.

Je vous ai écouté sans vous interrompre, et je remercie le ciel de m'avoir averti des menées d'un scélérat aussi effronté que toi. Vous auriez mérité de mourir par l'ignominie plutôt que par la main d'un homme d'honneur... Mais n'importe; tire ton épée et défends-toi.

Il met la main à son épée.

TRESSILIAN.

Je crois pouvoir sans déroger vous demander, au nom de tout ce qu'il y a de plus sacré, pourquoi vous avez osé me traiter d'une manière si déshonorante, et qui vous force à en venir au point où nous en sommes?

LE COMTE.

Si vous n'aimez point de telles marques de mon mépris, servez-vous de votre épée ou je recommencerai.

TRESSILIAN.

Ce n'est point nécessaire. Que Dieu juge entre nous, et que votre sang, si vous succombez, retombe sur votre tête.

Il porte la main à son épée.

SCÈNE VII.

LES MÊMES, JENNY, UN DOMESTIQUE.

JENNY, *dans la coulisse.*

Je vous dis que rien ne peut plus m'arrêter; il faut que je lui parle, je sais qu'il y est, je l'ai entendu.

LE COMTE, *à lui-même.*

Quel bruit!... cette voix!...

LE DOMESTIQUE, *dans la coulisse.*

Cela ne se peut pas, vous dis-je.

JENNY.

Montrez-lui cet anneau; vous ne pouvez me refuser cette grâce.

LE DOMESTIQUE.

Mylord, toujours cette même jeune fille... cette fois elle me charge de vous montrer cet anneau.

LE COMTE.

C'est celui que je donnai à Jenny... Je ne veux pas la voir.

JENNY, *entrant précipitamment.*

Enfin, monsieur le comte, je vous trouve!

Elle lui remet une lettre.

LE COMTE, *lui rendant son anneau après avoir pris nonchalamment la lettre.*

Faites sortir cette jeune personne.

JENNY.

Grand Dieu! quelle colère! que lui ai-je fait?... Il se calmera peut-être... Je ne m'éloigne pas, il pourrait me rappeler.

Elle sort avec le domestique.

LE COMTE, *après avoir lu.*

Trahison!... Varney est un tigre! il a horriblement calomnié la femme la plus pure, la plus aimante... un ange d'innocence et d'amour. Le monstre avait soif de son sang! Et j'ai pu... moi!... C'est affreux!... Tressilian, prenez cette épée et percez-moi le cœur comme à l'instant même j'allais percer le vôtre!

TRESSILIAN.

Vous m'avez outragé, il est vrai; mais tout me disait que c'était par une erreur insigne.

LE COMTE.

Une erreur! une erreur! Varney! homme sanguinaire!... Et elle est maintenant en son pouvoir!... Partons, partons à l'instant même. (*Apercevant la reine.*) La reine! la reine sur mon passage! Elle s'opposera à mon départ... Que faire? Il n'y a pas un instant à perdre... Écrivons d'abord à ce misérable, mais de manière à ce qu'il ignore que je suis instruit de sa scélératesse.

TRESSILIAN.

Que signifie?

LE COMTE, *lui remettant les lettres.*

Lisez, vous saurez tout.

TRESSILIAN, *après avoir lu.*

Quoi vous! mylord, son époux! grand Dieu! Au nom de son respectable père, recevez mes actions de grâces! quelle joie!... quel honneur pour ce digne vieillard!... Au moins, Varney n'a pas reçu de vous quelque ordre fatal?

LE COMTE, *à part.*

La reine!... (*A Tressilian.*) Non, non, j'ai ordonné quelque chose dans ma démence... mais...

SCÈNE VIII.

Les Mêmes, LA REINE, MYLORD DE SUSSEX.

LE COMTE, *à part*.

La voilà : dût-elle exécuter sa menace, il faut en finir.

LA REINE.

Sir Varney nous a demandé la permission de quitter notre palais avec la pauvre folle ayant, nous a-t-il dit, le consentement de votre seigneurie.

LE COMTE.

Il a dit vrai, madame ; mais...

LA REINE.

Que signifie cet embarras ?

LE COMTE.

Madame, le moment où vous devez connaître toute cette affaire est arrivé.

LA REINE.

Que voulez-vous dire ?

LE COMTE.

Cette dame n'est point folle.

LA REINE.

Que m'apprenez-vous là !... cependant le docteur...

LE COMTE.

Elle n'est pas non plus la femme de Varney ; c'est mon épouse.

LA REINE.

Cessez, je vous prie, cette plaisanterie injurieuse.

LE COMTE.

Je parle très-sérieusement... J'ai dit la vérité ; cette dame est la comtesse de Leicester.

LA REINE.

Par la mort! cela était, elle serait bientôt la veuve du traître, du parjure Leicester !

LE COMTE.

Cela est, madame ; faites de moi ce qu'il vous plaira. Des circonstances extraordinaires...

LA REINE, *interrompant*.

C'en est assez, c'en est trop sur cette horrible histoire... Ne vous suffit-il pas du crime qui m'a rendue ridicule aux yeux de mes sujets et odieuse à moi-même... Je m'arracherais les yeux et le cœur pour les punir de leur méprise !

SUSSEX.

Madame, souvenez-vous que vous êtes reine... ne vous abandonnez pas à cet excès de colère.

LA REINE.

Sussex, vous êtes homme d'état, vous ne pouvez comprendre tout ce qu'il y a d'humiliant dans le mépris et la douleur dont cet homme vient de m'accabler !

SUSSEX.

Je suis homme d'état, mais je suis homme aussi... j'ai vieilli dans les conseils, et je ne dois et ne puis désirer que votre gloire et votre bonheur. Je vous en supplie, daignez vous calmer...

soyez vous-même, madame ; gardez de laisser deviner à d'autres ce qu'ils ignorent.

LA REINE.

Oui, vous avez raison, mylord, vous avez raison: tout, excepté l'aveu d'une faiblesse ; tout, plutôt que de paraître avoir été jouée, méprisée. Par le sang de mes ennemis ! y penser seulement fait frémir !!!

SUSSEX.

Elevez-vous au-dessus d'une faiblesse dont tout Anglais vous croit incapable, à moins que la violence de votre dépit ne lui en porte la conviction.

LA REINE.

Quelle faiblesse ! voudriez-vous insinuer que la faveur que j'ai accordée à ce traître orgueilleux tirât sa source de... Mais pourquoi chercherais-je à vous tromper, vous dépositaire de tous mes secrets ?

SUSSEX.

Madame !..

LA REINE.

Mylord et mesdames, nous devons solenniser le mariage du noble comte de Leicester... Il a tenu cet hymen secret, même à sa souveraine, afin de nous ménager le plaisir de la surprise.

SUSSEX, *à part*.

Notre souveraine s'est retrouvée.

LA REINE.

Je vois que vous mourez d'envie de connaître son heureuse épouse.

SCÈNE IX.

Les Mêmes, LA COMTESSE, VARNEY, LAMBOURNE.

LA COMTESSE, *accourant*.

Leicester ! Leicester ! sauve-moi !... Le perfide Varney ose porter sur moi ses mains hardies, il veut m'entraîner loin de toi... Ciel ! la reine !

LA REINE, *à sa suite*.

Eh bien ! cette épouse fortunée est cette femme qui vient de se jeter au milieu de nous d'une façon si étrange... c'est, en un mot, Amy Robsart, la même qui, pour se moquer de nous ce matin, a joué le rôle de la femme de son serviteur Varney.

LA COMTESSE.

Pitié, madame... laissez-moi le peu de raison qui me reste.

LE COMTE.

Par grâce, madame... prenez ma vie ; mais épargnez celle qui ne vous a point offensée.

LA REINE.

Parlez haut, mylord... et de plus loin, je vous prie.

LE COMTE.

C'en est trop, c'en est trop, et je vais parler haut. Oui, je vais parler haut, puisque vous le voulez. Vous serez implacable dans votre haine, je

Je sais, mais je suis homme, et vous prouverai bien que je préfère braver toutes les tortures, la mort même, plutôt que de laisser insulter en ma présence, celle que le ciel m'a ordonné de défendre et de protéger. (Mouvement d'Élisabeth.) Ah! je vous comprends, et lis dans vos yeux le sort qui m'est réservé ; mais, je le répète, je brave votre haine, je brave vos bourreaux, et déclare à la face de toute l'Angleterre que j'aime cette jeune personne, que je l'aime uniquement ; oui, dans cet ange de beauté et de douceur, dans cette femme que l'on outrage et que je dois à tout prix faire respecter, reconnaissez la comtesse de Leicester, Amy Robsart, mon épouse.

Il va se placer près d'Amy, lui prend une main et étend l'autre sur elle en signe de protection.

LA COMTESSE, *avec une joie craintive.*

Leicester! mon noble époux!

LA REINE, *à elle-même.*

O vengeance ! (*A Leicester*). Vous voyez, mylord, jusqu'où peut aller notre patience... continuez donc, je vous prie ; vous le pouvez si vous avez encore quelque chose à nous dire.

LEICESTER.

Je n'ai plus qu'à vous demander la permission de retourner avec cette infortunée à mon château de Cummor.

LA REINE.

Nous aviserons plus tard si nous devons vous accorder cette permission, mylord.... En attendant, vous allez vous rendre sous la garde de notre grand maréchal du palais...

LEICESTER.

Où donc, madame ?

LA REINE.

A la tour de Londres.

LA COMTESSE, *aux pieds de la reine.*

Pitié! pitié! grâce pour lui, madame, et je consens à ne plus le revoir ; je retournerai à l'instant près de mon vieux père, que j'ai tant offensé.

LA REINE.

Ton vieux père, dis-tu? Il ne recevra pas un enfant ingrat que dans sa douleur il vient d'accabler de sa malédiction.

LA COMTESSE, *perdant la raison.*

Maudite! maudite par mon père! ah !!!

Elle jette un cri d'effroi et tombe à la renverse frappée de stupeur.

LEICESTER, *voulant voler à son secours.*

Amy !

LA REINE, *l'empêchant d'approcher et lui faisant signe du doigt.*

Mylord !... à la tour de Londres !...

ACTE QUATRIEME.

Le théâtre représente une salle gothique et basse de Greenwich. Table à gauche des spectateurs, un escabeau, un fauteuil.

SCÈNE PREMIÈRE.

FOSTER, *puis* VARNEY; *ce dernier en entrant dépose deux flacons de vin du Rhin, l'un sur la table de Foster et l'autre sur une cheminée à l'écart.*

Au lever du rideau, il fait nuit. Le théâtre n'est éclairé que par la lueur d'une lampe suspendue au milieu de la salle ; Foster, les coudes appuyés sur la table où se trouvent plusieurs pots de grès, et la tête dans ses deux mains, semble dormir d'un sommeil agité.

FOSTER, *rêvant.*

On n'entre pas !... on n'entre pas, vous dis-je... Mylady est commise à ma garde dans ce maudit palais de Greenwich, et personne, non, personne ne trompera ma surveillance...

VARNEY, *s'approchant doucement de Foster.*

Il dort...

FOSTER.

Que pouvez-vous avoir, d'ailleurs... à démêler avec une pauvre folle ?

VARNEY, *à part.*

Cette pauvre folle, dont vous paraissez si occupé, monsieur Foster, ne l'est pas tellement, à ce qu'assurent de savans docteurs, qu'une secousse plus ou moins violente ne puisse encore lui conserver la vie en lui rendant sa raison, et c'est ce que nous ne voulons pas... Elle n'a été que trop long-temps déjà comtesse de Leicester ; et si je puis entrer dans cette chambre pendant le sommeil de cette femme insensée, grâce au contenu de cette petite fiole merveilleuse, elle ne se réveillera que pour se rendormir une dernière fois dans la nuit des tombeaux... Je prévois d'ailleurs que la captivité du comte ne sera pas de longue durée... La reine l'aime... Elle se montrera d'autant plus bienveillante envers lui, qu'elle a d'abord été vindicative et cruelle... N'hésitons plus... que la missive que m'a fait remettre le comte par un soldat dévoué et qui me recommande de respecter, sous peine de mort, les jours d'Amy Robsart, soit comme non-avenue...

Il va pour pénétrer dans la chambre de la Comtesse, Foster se réveille.

FOSTER, *se réveillant en sursaut.*

Qui va là ?... (*Plus doucement.*) Qui va là ?

VARNEY, *à part.*

Fâcheux contre-temps...

FOSTER.

Ah ! c'est vous... Pourquoi votre visite matinale? pourquoi ne pas me laisser seulement cinq minutes dormir en repos?

VARNEY.

Stupide braillard, n'es-tu pas honteux de faire ainsi tant de bruit pour rien !

FOSTER.
Pour rien? Tout me dit que votre visite n'annonce rien de bon.

VARNEY.
Vous vous trompez, monsieur Foster, car elle annonce que pendant votre sommeil, une main amie a déposé sur votre table un excellent flacon de vin du Rhin... afin, bien entendu, de le mettre à votre disposition.

FOSTER, avec joie.
Du vin du Rhin!

VARNEY.
Que vous boirez à ma santé quand vous le jugerez convenable.

FOSTER, vivement.
Je n'en veux pas, et pour cause. (A part.) Je me défie de cet homme, moi!

VARNEY, à part.
Imbécile! qui croit que je veux l'empoisonner quand il me suffit de plonger sa raison dans un verre de vin. (A Foster.) Alors je vais verser moi-même... et nous verrons si vous refuserez de choquer votre gobelet contre le mien.

FOSTER, surpris.
Ah! ah! c'est bien différent... et je consens à choquer avec vous (à part) pour boire du vin du Rhin.

VARNEY.
A votre santé, monsieur Foster.

FOSTER.
A la mienne, sir Varney.
Foster ne porte le gobelet à ses lèvres qu'après Varney.

VARNEY.
Comment le trouvez-vous?

FOSTER.
Excellent!... Et je ne fais aucune comparaison entre le jus de ce flacon et les drogues fermentées dont je me suis rempli il n'y a qu'un instant pour engourdir mes fatigues.
Il montre les pots qui sont sur la table.

VARNEY.
En ce cas, doublons la dose.

FOSTER.
Et de grand cœur!
Ils boivent.

VARNEY.
Mais vous ne me parlez pas de la comtesse! comment va-t-elle ce matin?

FOSTER.
Guères mieux, guères mieux... Cependant il y a des instans où je crois que sa folie ne sera pas durable... où elle semble me reconnaître...

VARNEY, avec hypocrisie.
Vraiment! oh! tant mieux; je donnerais tout au monde pour un pareil bonheur.

FOSTER.
Je ne crois pas un mot de ce que vous dites là... vous, son ennemi déclaré.

VARNEY.
Je ne le suis plus.

FOSTER.
Bah! monseigneur a donc aussi?...

VARNEY.
Chut!... (A voix basse.) Oui... oui.

FOSTER, avec joie.
Oui!... Il serait vrai?... Alors tout pour la guérison de la comtesse et pour la délivrance de son époux, monseigneur le comte de Leicester.

VARNEY.
La délivrance de monseigneur ne sera pas longue à venir; la reine en est déjà aux regrets de ce qu'elle a fait, et bientôt...

FOSTER, avec joie.
Bientôt?...

VARNEY.
Il lui sera permis de venir prodiguer son amour et ses soins à la comtesse en cette partie du palais de Greenwich où sa maladie subite nous a forcés de la déposer provisoirement.

FOSTER.
Ainsi, vous avez renoncé à tous projets sinistres sur la comtesse?

VARNEY.
Le comte m'a ordonné de suspendre... et je vous avoue que c'est avec le plus grand plaisir que j'exécute ses ordres.

FOSTER, vivement.
La preuve de cette suspension ordonnée par le comte?

VARNEY, tirant la lettre de Leicester.
La voici...

FOSTER, cherchant à lire.
Mes yeux sont un peu troublés.

VARNEY, à part.
Il est gris!... Je le tiens...

FOSTER.
Cependant, je reconnais son grand cachet rouge... et puis... et puis mon cœur me dit qu'il doit en être ainsi!... buv... Ah! quel dommage! il n'y a plus rien dans le flacon...

VARNEY.
J'en vais chercher un autre.

FOSTER.
Et moi, je vais, en l'attendant, achever mon sommeil commencé.

VARNEY.
A bientôt, brave Foster...

FOSTER, commençant à s'endormir.
Le vin du Rhin... me siérait assez... il me siérait assez pour tisane en cas de maladie... le vin du Rhin.

VARNEY, parlant exprès très haut.
N'est-il pas vrai, Foster?... A bientôt!... (Bas.) Il dort. (Il va prendre l'autre flacon qu'il a apporté en entrant, et le dépose sur la table de Foster.) Ceci pour lui... (Tirant la fiole de sa poche.) Et cela pour adoucir un peu le breuvage de mylady... (Entr'ouvrant la porte de la chambre de la Comtesse.) Elle repose encore!... Tout favorise mon projet.
Il entre avec mystère chez la Comtesse.

FOSTER, rêvant.
Plus rien à craindre... plus rien à craindre de ce maudit Varney... Je puis dormir tranquille... La comtesse n'a rien à redouter de lui... Cependant, s'il m'avait trompé? S'il n'était pas allé

chercher un second flacon de vin du Rhin... Si pendant mon sommeil, il entrait chez la comtesse.

VARNEY, *rentrant en scène; il est pâle et défait.*

Enfin, j'ai réussi.

FOSTER, *se réveillant par degrés.*

Ah! ce serait affreux... il faut... Au secours!... au secours!... (*Tout-à-fait éveillé, puis se levant dans une vive agitation et regardant Varney fixement.*) Où est le flacon de vin du Rhin?... Répondez, où est le second flacon de vin du Rhin?

VARNEY, *avec sang-froid, en le lui montrant.*

Le voilà...

FOSTER.

Ah! bien... c'est très... Je vous remercie... (*Courant ouvrir la porte de la chambre de la Comtesse.*) Ah! elle vient de s'éveiller!... Il ne lui est rien arrivé de fâcheux... Cela me remet du baume dans le sang.

VARNEY.

Vous paraissez bien agité... Qu'avez-vous donc, mon bon Foster?

FOSTER.

Rien, absolument rien... Je craignais que mylady eût besoin de mes soins; mais je vois avec plaisir qu'elle peut s'en dispenser... car elle prend sans mon secours la potion que le docteur lui a préparée.

VARNEY, *à part.*

C'en est fait. (*Haut.*) Adieu, adieu, mon cher Foster: je ne veux en rien troubler le réveil de mylady, Vous viderez bien sans moi ce flacon, n'est-ce pas?

FOSTER.

Soyez tranquille; il n'y a que la première fois qui coûte... Mais dans un autre moment... J'aperçois mylady qui vient de ce côté.

VARNEY, *en se retirant.*

Foster, mon digne ami! recevez par ma bouche, pour monseigneur le comte, les remercimens que vos bons soins pour elle vous ont si bien mérités.

SCÈNE II.

FOSTER, *seul; il regarde venir la Comtesse.*

Pauvre femme!... Comme elle est changée, et combien elle paie cher aujourd'hui son titre de comtesse!... Et toi, ma fille, ma bonne Jenny, combien je te remercie, en m'ayant fait prévenir des dangers que courait notre bonne maîtresse, de m'avoir mis à même de venir lui prodiguer mes soins... La voilà... O mon Dieu! c'est elle... La voilà.

SCÈNE III.

FOSTER, LA COMTESSE.

LA COMTESSE; *elle est vêtue de blanc, et très-pâle.*

Cette nuit... je m'en souviens... j'ai fait élever deux tombeaux en cet endroit... l'un est pour mon père... et l'autre... (*cherchant à se rappeler*) l'autre... était pour moi... mais le temps m'a manqué pour achever ce dernier.. (*Avec tristesse.*) Les morts vont vite... Oh!... voici celui de mon père...

FOSTER.

Je ne puis l'entendre parler ainsi... sans que cela me fasse un mal!...

Il s'éloigne un peu.

LA COMTESSE *s'agenouille au milieu du théâtre et semble prier avec ferveur. Après un long silence.*

Vous me pardonnerez, n'est-ce pas, mon bon père? Oh! dites que vous me pardonnerez... Il ne me répond pas... Ah! il va parler... Chut!... Écoutons... écoutons... Amy Robsart, du fond de son tombeau, ton père te maudit!!! (*Jetant un cri.*) Ah! pitié, grâce, mon père!...

Elle se relève et semble cueillir des fleurs.

FOSTER.

La voilà encore... Elle croit toujours cueillir des fleurs... Elle ne rêve que fleurs et tombeaux! Oh! je n'y tiens plus; je me retire.

Il sort.

SCÈNE IV.

LA COMTESSE, *seule.*

Que ces fleurs sont belles! je veux en parer la tombe de mon père... Voilà du romarin, c'est pour le souvenir... Je vous en prie, mon père, souvenez-vous de moi... Et voici des pensées, pensez à moi... Voilà aussi une marguerite... Je vous donnerais bien ces violettes; mais elles se sont toutes fanées à votre mort... Pour cette immortelle, je la garde en souvenir de l'autre... l'autre plus jeune, afin de lui prouver... qu'il vivra éternellement dans mon cœur.

Elle se dirige lentement vers le fauteuil.

SCÈNE V.

LA COMTESSE, FOSTER.

FOSTER, *accourant avec joie.*

Oh! madame la comtesse, réjouissez-vous! votre époux, le noble comte de Leicester, vient d'obtenir sa liberté. Il suit mes pas, ou plutôt il accourt près de vous!

La Comtesse le regarde fixement, puis elle va s'asseoir dans le fauteuil.

Pauvre Milady! la joie de lui apporter une bonne nouvelle m'avait fait oublier ses malheurs...

Il se retire un peu après l'entrée du comte de Leicester.

SCÈNE VI.

LE COMTE, LA COMTESSE.

LE COMTE, *se précipitant aux genoux de la Comtesse.*

Amy!... mon Amy, reconnais ton époux; il vient te délivrer.

LA COMTESSE.

Me délivrer ?... oh ! non... je craindrais de tomber entre les mains du perfide Varney... oui, Varney... c'est son nom... Le cruel... tu ne sais pas... cette nuit, sans qu'il s'en doute .. je l'ai vu !... (*Avec force.*) Il voulait m'empoisonner... (*Doucement.*) Mais j'ai su... non... non ; je ne me rappelle pas bien, et je crois que ce n'était qu'un songe.

LE COMTE.

Pauvre Amy Robsart !...

LA COMTESSE.

Je ne me trompe pas... on a prononcé mon nom... Qui m'appelle ?... Ah ! Dieu ! ce sont mes persécuteurs !... mes bourreaux... (*Joignant les mains.*) Grâce !... grâce, je suis encore si jeune pour mourir !

LE COMTE.

O mon Dieu ! mon Dieu ! secourez-la.

LA COMTESSE.

Je ne sais ce qui se passe en moi... une sueur froide glace mes sens ; je frissonne.

LE COMTE.

Amy ne me reconnaît plus... Que je suis malheureux !

LA COMTESSE, *le regardant, et comme frappée de sa voix.*

Parle, parle encore, j'ai besoin de t'entendre, car tu as la voix de mon ami... Où est-il donc ?...

LE COMTE.

Amy, me voilà, c'est moi...

LA COMTESSE, *avec joie.*

C'est toi !... Laisse-moi te reconnaître... Oui... oui, c'est lui !... je le reconnais ! Ce sont bien ces cheveux noirs et bouclés ; voilà bien aussi ses traits et son sourire. (*Elle semble chercher un nom, puis s'écrie tout-à-coup, en recouvrant la raison :*) Leicester !...

LE COMTE.

Amy !...

FOSTER, *annonçant.*

La reine !...

~~~~~~~~~~~~~~~~~~~~~~~~~~~~~~~~

SCÈNE VII.

LES MÊMES, LA REINE, FOSTER, SUSSEX, VARNEY, JENNY, TRESSILIAN, LAMBOURNE, SEIGNEURS, DAMES D'HONNEUR, GARDES, SUITE *nombreuse*, VALETS *portant des flambeaux.*

Le théâtre, malgré l'éclat des flambeaux, doit, jusqu'à la fin de la pièce, rester dans une demi-obscurité.

LA COMTESSE.

La reine !... Élisabeth !... Vient-elle me rappeler encore la malédiction de mon père ?

LA REINE.

Non, mylady ; je viens au contraire pour réparer mes torts envers vous. Quant à votre père, nous savons qu'il a révoqué, avant de mourir, la malédiction dont il vous avait accablée, et ses mains ont pu encore s'étendre pour vous bénir.

LA COMTESSE.

Merci ! ô merci, mon père !...

LA REINE.

Leicester, votre reine vous pardonne, et approuve votre mariage avec la fille de sir Henry Robsart. (*Lui tendant la main.*) Êtes-vous content de moi ?

LE COMTE, *se prosternant.*

Reine !... comment reconnaître jamais...

LA COMTESSE.

Leicester... mon noble époux... justice m'est rendue ; je puis enfin... (*Apercevant Varney, qui s'est approché du Comte, elle jette un cri d'effroi.*) Ah !... ah ! c'est lui que j'ai vu ce matin ; il se glissait vers moi ainsi qu'un vil reptile, afin de pouvoir jeter quelque chose dans le breuvage que le fidèle Foster m'avait apporté.

LE COMTE, *à Varney.*

Malheureux !

VARNEY, *au Comte.*

Pouvez-vous croire une insensée...

LA COMTESSE, *continuant.*

C'était quelque chose de bien amer... et maintenant... maintenant, je sens cette même amertume me brûler la poitrine... Approchez tous... Vous, reine, je vous pardonne comme vous m'avez pardonnée... Leicester, ta main dans la mienne... En ce fatal moment, je meurs contente... mon père m'a bénie, et sera là-haut pour me recevoir dans un instant... Comte de Leicester, Amy Robsart, ta femme légitime intercédera le ciel pour toi... pour ton bonheur... Je meurs !!!

LE COMTE, *tombant à genoux.*

Amy ! Amy, reviens à toi... (*Lui prenant la main.*) Dieu ! c'en est fait... Son regard se perd, son cœur a cessé de battre ; sa main se glace, l'éternité cruelle se place entre nous deux... (*D'une voix concentrée.*) Elle est morte !!! (*Se relevant ; avec dignité, à Varney.*) Misérable, la justice prononcera sur ton sort.

LA REINE.

Vous tous ici présens, saluez Amy Robsart, la comtesse de Leicester !...

Tous les personnages mettent un genou en terre, excepté la Reine, qui s'incline profondément.

FIN.

IMPRIMERIE DE Mme Ve DONDEY-DUPRÉ,
Rue Saint-Louis, 46, au Marais.

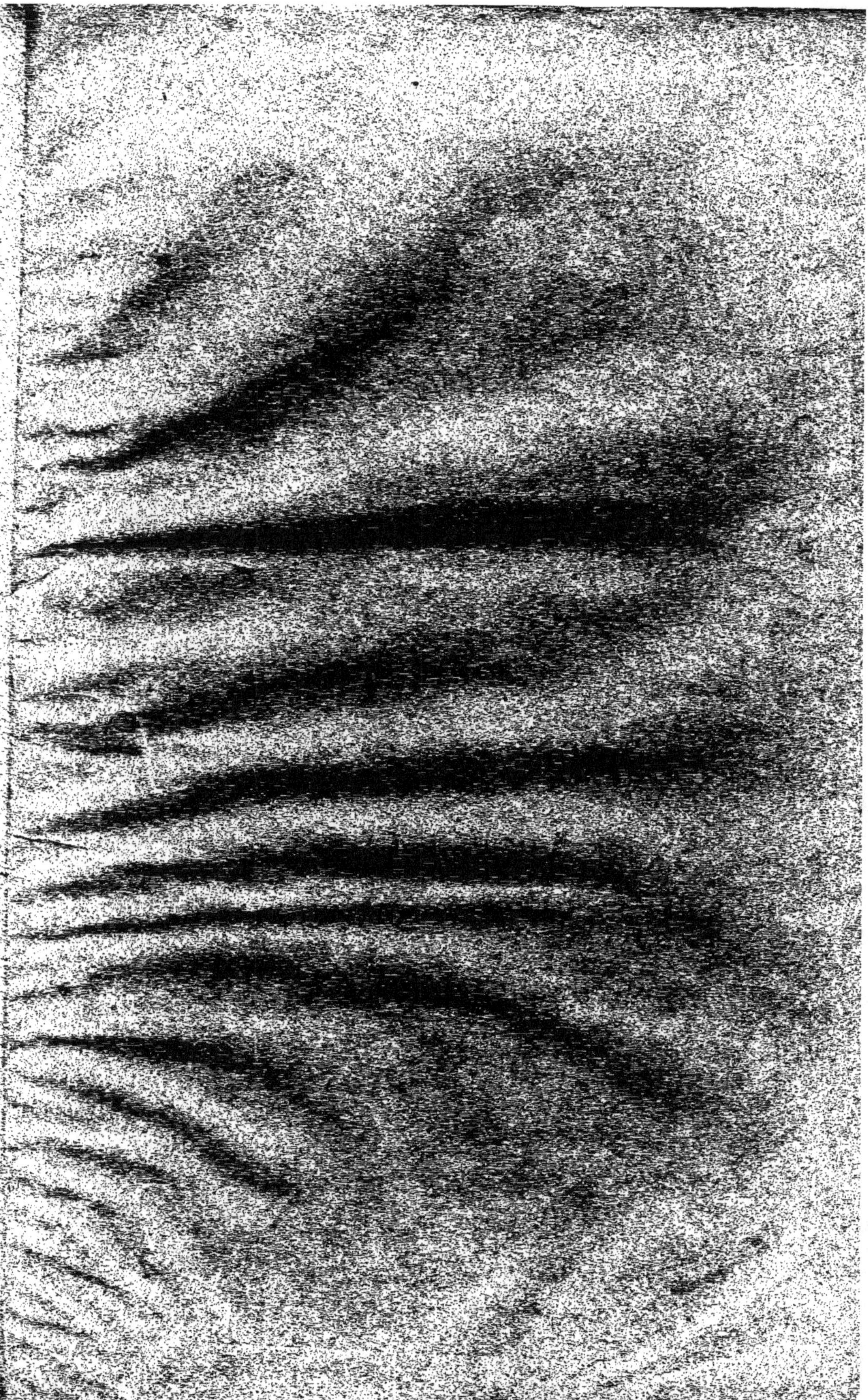

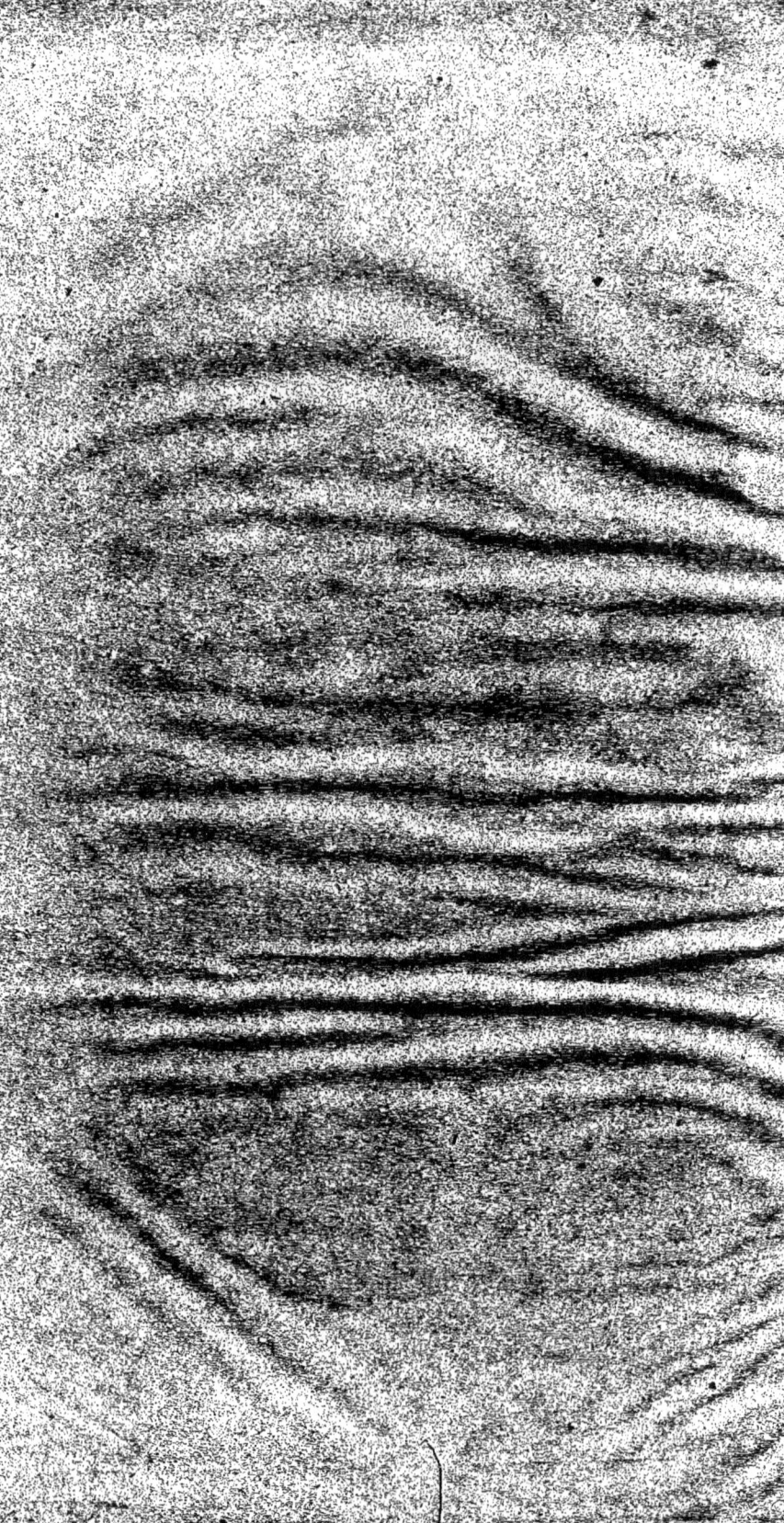

www.ingramcontent.com/pod-product-compliance
Lightning Source LLC
Chambersburg PA
CBHW070447080426
42451CB00025B/1998